浙江省地方标准

公路工程泡沫混凝土应用技术规范

Technical specification for foamed concrete application on highway

DB 33/T 996—2015

主编单位：浙江省交通规划设计研究院
批准部门：浙江省质量技术监督局
实施日期：2016 年 1 月 1 日

人民交通出版社股份有限公司
China Communications Press Co.,Ltd.

图书在版编目(CIP)数据

公路工程泡沫混凝土应用技术规范/浙江省交通规划设计研究院编.—北京：人民交通出版社股份有限公司，2015.12
 ISBN 978-7-114-12615-4

Ⅰ.①公… Ⅱ.①浙… Ⅲ.①道路工程—泡沫混凝土—技术规范—中国 Ⅳ.①U414.1-65

中国版本图书馆CIP数据核字(2015)第270782号

浙江省地方标准

书　　名	：公路工程泡沫混凝土应用技术规范
著　作　者	：浙江省交通规划设计研究院
责任编辑	：任雪莲
出版发行	：人民交通出版社股份有限公司
地　　址	：(100011)北京市朝阳区安定门外外馆斜街3号
网　　址	：http://www.ccpress.com.cn
销售电话	：(010)59757973
总　经　销	：人民交通出版社股份有限公司发行部
经　　销	：各地新华书店
印　　刷	：北京鑫正大印刷有限公司
开　　本	：880×1230　1/16
印　　张	：4
字　　数	：120千
版　　次	：2015年12月　第1版
印　　次	：2018年6月　第2次印刷
书　　号	：ISBN 978-7-114-12615-4
定　　价	：30.00元

(有印刷、装订质量问题的图书由本公司负责调换)

目　次

前言 III
1 范围 1
2 规范性引用文件 1
3 术语和定义 1
4 原材料 2
　4.1 一般规定 2
　4.2 水泥 2
　4.3 发泡剂 2
　4.4 水 3
　4.5 外加剂 3
　4.6 掺合料 3
5 混合料 3
　5.1 一般规定 3
　5.2 配合比 3
　5.3 性能 4
6 设计 5
　6.1 一般规定 5
　6.2 设计计算 6
　6.3 新建路堤 7
　6.4 拓宽路堤 11
　6.5 特殊处治工程 12
7 施工 15
　7.1 一般规定 15
　7.2 新建路堤 15
　7.3 拓宽路堤 21
　7.4 特殊处治工程 22
8 检验与评定 23
　8.1 一般规定 23
　8.2 基本要求 23
　8.3 实测项目 23
　8.4 外观鉴定 24
附录 A（规范性附录）　原材料试验 25
附录 B（规范性附录）　混合料试验 28
附录 C（规范性附录）　气孔表观质量评定分级标准 33
附录 D（资料性附录）　混合料试验配合比推荐值 36
附录 E（资料性附录）　不同重度指标试验值 37
附录 F（资料性附录）　泡沫混凝土在公路行业应用分类及其主要技术特性 38

I

附件 《公路工程泡沫混凝土应用技术规范》条文说明 ……………………………………………………… 39
前言 ……………………………………………………………………………………………………… 41
3 术语和定义 …………………………………………………………………………………………… 43
4 原材料 ………………………………………………………………………………………………… 43
　4.1 一般规定 ………………………………………………………………………………………… 43
　4.2 水泥 ……………………………………………………………………………………………… 43
　4.3 发泡剂 …………………………………………………………………………………………… 43
　4.4 水 ………………………………………………………………………………………………… 44
　4.5 外加剂 …………………………………………………………………………………………… 44
　4.6 掺合料 …………………………………………………………………………………………… 44
5 混合料 ………………………………………………………………………………………………… 44
　5.1 一般规定 ………………………………………………………………………………………… 44
　5.2 配合比 …………………………………………………………………………………………… 45
　5.3 性能 ……………………………………………………………………………………………… 45
6 设计 …………………………………………………………………………………………………… 46
　6.1 一般规定 ………………………………………………………………………………………… 46
　6.2 设计计算 ………………………………………………………………………………………… 47
　6.3 新建路堤 ………………………………………………………………………………………… 49
　6.4 拓宽路堤 ………………………………………………………………………………………… 52
　6.5 特殊处治工程 …………………………………………………………………………………… 54
7 施工 …………………………………………………………………………………………………… 55
　7.2 新建路堤 ………………………………………………………………………………………… 55
　7.3 拓宽路堤 ………………………………………………………………………………………… 56
　7.4 特殊处治工程 …………………………………………………………………………………… 56
8 检验与评定 …………………………………………………………………………………………… 57
　8.1 一般规定 ………………………………………………………………………………………… 57
　8.2 基本要求 ………………………………………………………………………………………… 57
　8.3 实测项目 ………………………………………………………………………………………… 57
　8.4 外观鉴定 ………………………………………………………………………………………… 57

前 言

本标准按照《标准化工作导则 第1部分:标准的结构和编写》(GB/T 1.1—2009)给出的规则起草。

本标准由浙江省交通运输厅提出并归口。

本标准起草单位:浙江省交通规划设计研究院、浙江省交通投资集团有限公司、浙江省宏途交通建设有限公司、杭州交通投资建设管理有限公司。

本标准主要起草人:朱益军、戴显荣、毛斌、项小伟、文斌、赵玉贤、姜正晖、单君、俞红光、段冰、陈幸平、黄天元、刘钱、徐仁贵、徐阳光、项小强、丁科军、胡永富、章伟、俞帆、任超、陈建荣、陈新国、陈金祥、包纯风、叶雨清、屠建波、张勇、王浩。

请注意本标准的某些内容可能涉及专利,本标准的发布机构不承担识别这些专利的责任。

DB 33/T 996—2015

公路工程泡沫混凝土应用技术规范

1 范围

本规范规定了公路工程泡沫混凝土的原材料、混合料、设计、施工及检验与评定等要求。

本规范适用于公路工程的新建路堤、拓宽路堤、特殊处治工程应用泡沫混凝土的设计、施工及质量检验与评定。

2 规范性引用文件

下列文件对于本文件的应用是必不可少的。凡是注日期的引用文件,仅所注日期的版本适用于本文件。凡是不注日期的引用文件,其最新版本(包括所有的修改单)适用于本文件。

GB 175　通用硅酸盐水泥
GB/T 1596　用于水泥和混凝土中的粉煤灰
GB 6566　建筑材料放射性核素限量
GB 8076　混凝土外加剂
GB 8624　建筑材料及制品燃烧性能分级
GB/T 9755　合成树脂乳液外墙涂料
GB/T 14518　胶粘剂的pH值测定
GB/T 14684　建设用砂
GB/T 17431.1　轻集料及其试验方法　第1部分:轻集料
GB/T 18046　用于水泥和混凝土中的粒化高炉矿渣粉
GB/T 18583　室内装饰装修材料　胶粘剂中有害物质限量
GB/T 50107　混凝土强度检验评定标准
GB 50119　混凝土外加剂应用技术规范
JG/T 266　泡沫混凝土
JGJ 63　混凝土用水标准
JTG D30　公路路基设计规范
JTG/T D32　公路土工合成材料应用技术规范
JTG E30　公路工程水泥及水泥混凝土试验规程
JTG F10　公路路基施工技术规范
JTG F80/1　公路工程质量检验评定标准　第一册　土建工程
SY/T 5350　钻井液用发泡剂评价程序
DB 33/T 904　公路软土地基路堤设计规范

3 术语和定义

下列术语和定义适用于本文件。

3.1

泡沫混凝土　foamed concrete

采用物理方法将发泡剂制备成泡沫,再将泡沫按一定的体积比混入已搅拌均匀的由水泥浆料以及外加剂、掺合料组成的混合料浆中,浇筑凝固成型后含有大量均匀封闭气孔的轻质微孔混凝土。

3.2

发泡剂 foaming agent

通过发泡装置能产生大量泡沫,其气泡群能与水泥基质料浆混合,在一定时间内具有足够稳定性,不影响胶凝材料凝结和固化的物质。

3.3

稀释倍数 dilute times

发泡剂稀释液与发泡剂原液的质量比。

3.4

发泡倍数 foam multiple times

发泡剂经发泡产生的气泡体积与发泡剂稀释液体积的比值。

3.5

流动度 flow factor

表征泡沫混凝土流动性能的指标,采用圆筒法测量。

3.6

吸水率 water absorbing capacity by weight

泡沫混凝土试块按附录 B.3 规定的试验条件经浸水饱和吸水后的称重质量增加值与浸水前试块称重质量的比值。

3.7

泡沫密度 foam density

泡沫的单位体积质量。

3.8

气泡率 the percentage of foam

气泡体积占泡沫混凝土试块的体积百分比。

4 原材料

4.1 一般规定

4.1.1 泡沫混凝土所用原材料不应对环境造成有害影响。

4.1.2 原材料技术指标及检验应符合相关规范的要求。

4.1.3 不同品种(规格)、等级、厂家(产地)、出厂日期的原材料不得混存、混用。

4.2 水泥

4.2.1 水泥宜采用通用硅酸盐水泥,其强度等级应为 42.5 级及以上,其性能应符合 GB 175 规定。

4.2.2 有侵蚀性介质作用时,应结合防腐措施按设计要求选用。

4.3 发泡剂

4.3.1 发泡剂宜采用合成类高分子表面活性剂。发泡剂外观应均匀透明,常温条件下无异物析出或沉淀,无异味或刺激性气味,对环境无不良影响。

4.3.2 发泡剂发泡产生的泡沫大小均匀且细密,直径应小于 1.0mm。

4.3.3 使用发泡剂时,稀释倍数不应小于 60 倍。发泡剂主要技术性能指标按稀释 60 倍时测定,具体要求详见表 1。

表 1 发泡剂(稀释 60 倍)主要性能指标

性能指标	质量要求	检验方法
发泡半衰期	＞24 h	SY/T 5350
pH 值	6～8	GB/T 14518
低温稳定性	－5℃不变质	GB/T 9755
泌水量	＜30mL	附录 A.1
沉降距	＜3mm	附录 A.1
泡沫密度	45kg/m³～50kg/m³	附录 A.2
发泡倍数	＞20	附录 A.2
游离甲醛	≤1.0g/kg	GB/T 18583

4.3.4 发泡剂保质期应大于 12 个月，应在保质期内使用。

4.3.5 发泡剂的取样频率宜按 3 000L 为一批次，不足 3 000L 的按一批次计。每批次不少于 1 组，每组应进行 3 次试验。

4.4 水

施工用水应符合 JGJ 63 的规定。

4.5 外加剂

4.5.1 泡沫混凝土掺入早强剂、防冻剂、憎水剂等外加剂时，外加剂的使用应符合 GB 8076 与 GB 50119 的要求。

4.5.2 使用外加剂前，应进行适应性试验，对泡沫混凝土的质量应无不良影响。

4.6 掺合料

4.6.1 粉煤灰应符合 GB/T 1596 的规定。
4.6.2 矿渣粉应符合 GB/T 18046 的规定。
4.6.3 其他矿物粉料做掺合料时应符合国家相关标准的规定。
4.6.4 泡沫混凝土添加掺合料总质量不应大于水泥质量的 20%。

5 混合料

5.1 一般规定

5.1.1 混合料的配合比设计应满足抗压强度、干重度、流动度、吸水率和表观要求。
5.1.2 配合比设计成果应包括稀释倍数、发泡倍数、气泡率、各级原材料用量、湿重度、试块切面表观气孔等效直径等参数。
5.1.3 混合料混泡应采用液力稳压方式，不应采用搅拌方式混泡。
5.1.4 若需外掺其他材料，应检测其含水率并及时调整配合比。

5.2 配合比

5.2.1 配合比设计应以设计文件要求的性能为目标，并根据泡沫混凝土重度、强度等要求，对水泥、水或其他材料按质量比配制水泥浆料,再将泡沫按一定的体积比混入水泥浆料。

5.2.2 配合比设计应确定水泥掺量、单位体积用水量和气泡率等参数,单位体积泡沫混凝土所需泡沫体积按式(1)计算:

$$V_f = 1 - \frac{m_c}{\rho_c} - \frac{m_w}{\rho_w} \quad \cdots\cdots\cdots\cdots\cdots\cdots\cdots (1)$$

式中:

V_f——设计配合比计算所得单位体积泡沫混凝土所需泡沫体积(m^3);

m_c——设计配合比计算所得单位体积泡沫混凝土所需水泥用量(kg);

ρ_c——水泥的表观密度(kg/m^3);

m_w——设计配合比计算所得单位体积泡沫混凝土所需用水量(kg);

ρ_w——水的密度(kg/m^3)。

5.2.3 配合比设计基本要求:

a) 干重度不应大于设计值。

b) 配合比试验试配28d抗压强度宜采用目标设计值的1.05倍。

c) 流动度控制在180mm±20mm范围。

d) 泡沫混凝土试块切面表观气孔等效直径d_e应小于1.0mm,气孔表观质量评定分级标准参考附录C。若干表观气孔连通时,表观气孔等效直径d_e按式(2)计算:

$$d_e = \sqrt{\sum_{i=1}^{n} d_i^2} \quad \cdots\cdots\cdots\cdots\cdots\cdots\cdots (2)$$

式中:

d_e——表观气孔连通时的等效直径;

i——表观连通气孔的编号;

n——表观连通气孔数目。

e) 吸水率应符合设计要求;

f) 混合料试验配合比推荐值可参照附录D。

5.3 性能

5.3.1 干重度

泡沫混凝土干重度等级按干重度变化范围分为7个等级,见表2。

表2 泡沫混凝土的干重度

干重度等级	干重度的变化范围(kN/m^3)	标准值(kN/m^3)
A03	$\gamma_d \leq 3.5$	3.0
A04	$3.5 < \gamma_d \leq 4.5$	4.0
A05	$4.5 < \gamma_d \leq 5.5$	5.0
A06	$5.5 < \gamma_d \leq 6.5$	6.0
A07	$6.5 < \gamma_d \leq 7.5$	7.0
A08	$7.5 < \gamma_d \leq 8.5$	8.0
A09	$8.5 < \gamma_d \leq 9.5$	9.0
注:干重度与表干重度、湿重度、饱和重度试验值关系可参考附录E。		

5.3.2 抗压强度

泡沫混凝土的抗压强度等级采用符号CF表示,按100mm×100mm×100mm立方体单轴抗压强度标准值进行划分,抗压强度标准值和样本最小值按表3中的规定执行。

表3 泡沫混凝土的抗压强度等级

泡沫混凝土抗压强度等级	抗压强度(MPa)	
	标准值	样本最小值不小于
CF0.4	0.40	0.36
CF0.6	0.60	0.54
CF0.8	0.80	0.72
CF1.0	1.00	0.90
CF1.5	1.50	1.35
CF2.0	2.00	1.80
CF4.0	4.00	3.60

5.3.3 流动度

泡沫混凝土通过管道泵送,流动度应为180mm±20mm。流动度试验按附录B.2执行。

5.3.4 微(表)观特性

泡沫混凝土要求材质气孔大小均匀、细密,试块表观气孔直径应小于1.0mm。

5.3.5 吸水率

泡沫混凝土的吸水率按表4的称重质量增比范围划分为7个等级,采用符号WM表示。

表4 泡沫混凝土吸水率

等 级	WM5	WM10	WM15	WM20	WM25	WM30	WM35
吸水率 $\omega(\%)$	$\omega \leq 5$	$5<\omega \leq 10$	$10<\omega \leq 15$	$15<\omega \leq 20$	$20<\omega \leq 25$	$25<\omega \leq 30$	$30<\omega \leq 35$

5.3.6 可燃性

泡沫混凝土为不可燃材料,其燃烧性能试验方法应符合国家现行标准GB 8624的规定。

6 设计

6.1 一般规定

6.1.1 在进行泡沫混凝土设计前,应全面调查工程所在地的自然条件、工程地质条件和地下构件,全面搜集工程区域的地质、水文、地形、地貌、气象、地震等资料,了解地下涵洞、管线等埋设情况。

6.1.2 设计应根据使用功能要求和环境条件具体明确泡沫混凝土的干重度等级、抗压强度、吸水率和其他性能指标,并做好地表水和地下水的处治设计。

6.1.3 泡沫混凝土应在封闭的环境中使用,工程应用时应做好封闭措施。

6.1.4 泡沫混凝土在公路行业应用分类及其主要技术特性参照附录F,主要适用于以下工程环境:
 a) 需减轻堆载重量的结构体。
 b) 空间狭窄(小)且不规则,需要密实充填的情况。
 c) 用地或空间受限时,为减少对周边环境影响,需要直立浇筑的情况。
 d) 软土地基处理施工净空条件受限时。
 e) 为改善软弱地基变形的协调性,路堤填筑荷载需设置过渡处理的情况。
 f) 需快速填筑抢修的情况。

6.1.5 在斜坡上浇筑泡沫混凝土时,应采用台阶式浇筑,浇筑体底部基础宽度 L 应满足 $L \geqslant 2m$ 且 $L \geqslant 0.25H$(其中,H 为路堤高度),基础外侧襟边宽度和其他台阶宽度不应小于1m,台阶坡度应内倾2%~4%。

6.1.6 泡沫混凝土应用于非承重结构且仅限于空腔填充要求时,其流动度宜为180mm±20mm,抗压强度不应低于CF0.4,干重度等级适用A03、A04或以上等级。

6.1.7 泡沫混凝土用于路堤填筑时,其抗压强度不应低于CF0.6,干重度等级适用A05或A06;在路床范围填筑泡沫混凝土时,其抗压强度不应低于CF1.0,干重度等级适用A06或A07。

6.1.8 泡沫混凝土应用于有冲刷的岸坡工程时,应对防冲刷设施实施专项设计。

6.1.9 泡沫混凝土处于浸水或干湿循环条件下,应规定其吸水率、软化系数等指标。

6.1.10 泡沫混凝土用于填筑路堤时,设计厚度应根据沉降计算和技术经济指标综合比较确定,并按以下要求控制:

　　a) 最小设计厚度不宜小于1m。
　　b) 软土地基路堤设计厚度不宜大于6m。
　　c) 山区路堤设计厚度不宜大于15m。

6.1.11 泡沫混凝土用于地质灾害治理时,应提出施工期和运营期的监测方案,对中小型滑坡应"一次治理,不留后患",对大型滑坡应"一次规划,分期治理"。

6.2 设计计算

6.2.1 设计要求

设计基本要求如下:

　　a) 在软土地基采用泡沫混凝土浇筑时,应计算地基的沉降变形量,并验算地基承载力要求;
　　b) 泡沫混凝土用于路堤填筑时,应根据公路等级、荷载条件、填筑部位按表5合理确定干重度等级、抗压强度等级等指标。

表5 泡沫混凝土路堤填筑设计指标

部 位		距离路面结构层底面距离(cm)	高速公路、一级公路		其他等级公路	
			干重度适用等级	抗压强度等级不低于	干重度适用等级	抗压强度等级不低于
上路床		0~30	一般不推荐			
下路床	轻、中、重交通等级	30~80	A06、A07	CF1.0	A05、A06	CF0.6
	特重、极重交通荷载等级	30~120				
上路堤	轻、中、重交通等级	80~150	A05、A06	CF0.6	A05、A06	CF0.6
	特重、极重交通荷载等级	120~190	A06、A07	CF1.0		
下路堤	轻、中、重交通等级	>150	A05、A06	CF0.6		
	特重、极重交通荷载等级	>190				

　　c) 在进行地基沉降和承载力验算时,泡沫混凝土设计重度、抗剪强度参数、接触面的摩擦系数等性能指标按JTG D30取值。
　　d) 在受水位影响时,应对构筑物进行抗浮验算,对抗浮安全系数 F_s 的要求:$F_s \geqslant 1.2$。
　　e) 浸水路堤泡沫混凝土软化系数宜根据试验确定,无试验资料时,软化系数取0.70。
　　f) 泡沫混凝土弹性模量可通过试验确定,当无试验资料时,可根据式(3)取值。

$$E_c = 230 R_u \quad\quad\quad\quad (3)$$

式中：

E_c——泡沫混凝土的弹性模量(MPa)；

R_u——泡沫混凝土单轴抗压强度(MPa)。

g) 泡沫混凝土的抗折强度可通过试验确定，当无试验资料时，泡沫混凝土抗折强度可取抗压强度的0.3倍。

h) 在进行泡沫混凝土路堤地基沉降计算时，总沉降修正系数宜取1.0～1.1。当地基容许承载力大于2倍路堤荷载时取小值。

6.2.2 荷载设计

荷载设计基本要求如下：

a) 在进行泡沫混凝土路堤抗滑移、抗倾覆稳定性验算时，工程设计荷载分类及其组合应按(JTG D30)的规定执行。

b) 在进行泡沫混凝土路堤抗滑移、抗倾覆稳定性验算时，路面车辆荷载作用可按式(4)换算成等代均布土层厚度计算：

$$h_0 = \frac{q}{\gamma} \quad\quad\quad\quad (4)$$

式中：

h_0——换算土层厚度(m)；

q ——车辆附加荷载标准值(kN/m^2)，一般取20kN/m^2；

γ ——路堤填料的重度(kN/m^3)。

c) 路堤受水位影响时，设计水位以下应考虑浮力对路堤抗浮稳定性的影响，泡沫混凝土自重应力计算应采用湿重度。

d) 在进行软土地基泡沫混凝土路堤的地基沉降计算和结构上覆荷载验算时，应考虑泡沫混凝土浸润吸水之后的加载效应，路堤设计水位以下部分泡沫混凝土自重应力应采用1.1～1.3倍的湿重度，设计水位以上部分自重应力应采用湿重度。

6.2.3 设计流程

设计流程要求示意如下：

a) 应根据结构物的功能与用途，兼顾施工步骤，按照相应的工程规范要求，确定荷载组合，计算结构物的稳定性。

b) 对泡沫混凝土路堤，应根据自然条件、技术要求、工程规模和工程环境，选择构造尺寸和性能指标，并分析计算。设计流程详见图1。

c) 路堤稳定性计算方法可按照JTG D30规定执行。当路堤底面存在斜坡或浇筑区高宽比大于1且高度大于3m时，应验算浇筑体抗倾覆、抗滑移安全系数和承载力是否满足要求。

6.3 新建路堤

6.3.1 对泡沫混凝土路堤，应做好防排水工程设计。泡沫混凝土浇筑物的基础底部应设置排水垫层，并结合需要设置排水盲沟或泄水孔。

6.3.2 泡沫混凝土设计厚度不宜小于1m。对泡沫混凝土宜分层浇筑，单层浇筑设计厚度宜为0.3～0.8m。

6.3.3 路堤用地不受限制时，可采用台阶式浇筑的放坡形式(图2)；路堤用地受限时，边坡宜采用直立支护形式(图3)或陡坡式支护形式(图4)。

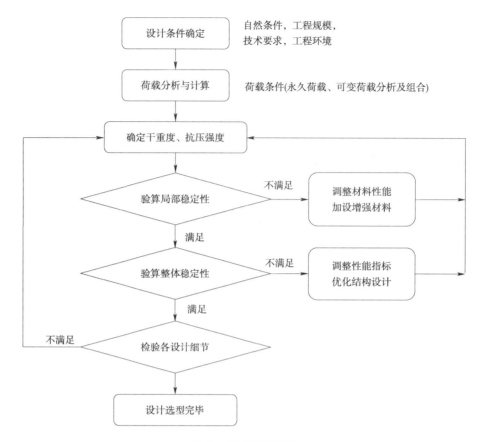

图 1 设计流程图

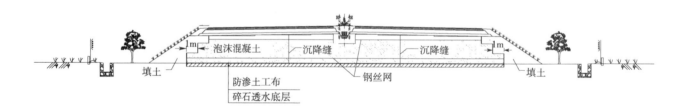

图 2 泡沫混凝土路堤台阶式浇筑放坡形式

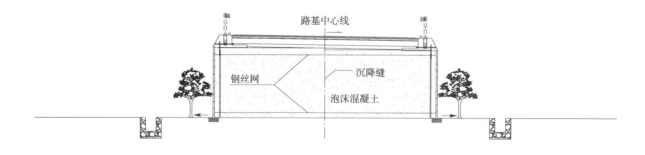

图 3 泡沫混凝土路堤直立支护形式

6.3.4 泡沫混凝土浇筑横断面可采取倒梯形、矩形、凸形或倒凸形，具体浇筑形式宜结合工程功能需要而确定，相应横断面形式见图 5。

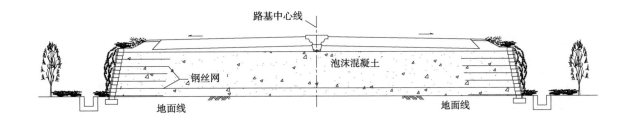

图 4 泡沫混凝土路堤陡坡式支护形式

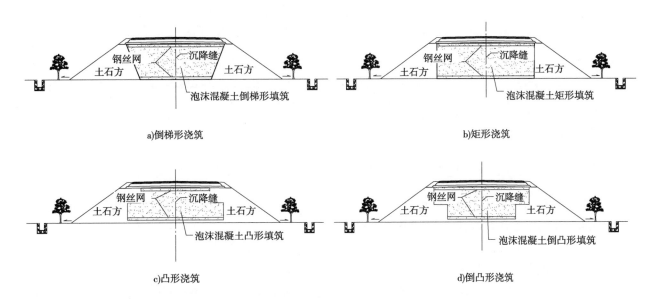

图 5 泡沫混凝土浇筑体横断面形式

6.3.5 当浇筑厚度大于3.0m时，与常规填土路基的纵向、横向衔接宜设置台阶式过渡，沿路基纵向台阶宽度不宜小于2.0m，沿路基横断面台阶宽度不宜小于1.0m。位于软弱地基时，可适当加大台阶宽度。

6.3.6 泡沫混凝土用于软土地区桥头背部路堤浇筑时，路堤纵向宜采用台阶式过渡结构（图6），且纵向过渡分级长度 $L_i \geqslant 10m(i=1,2,3\cdots)$。

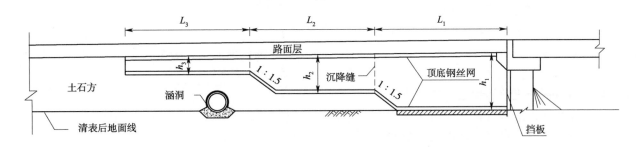

图 6 泡沫混凝土纵向台阶式浇筑形式

6.3.7 泡沫混凝土用于涵洞背部路堤浇筑时，浇筑方式可分为全路堤换填、涵洞背部局部换填两种方式，见图7。

6.3.8 泡沫混凝土直立浇筑时，宜结合路堤高度，护栏基础外应设置安全襟边且宽度不小于50cm。

6.3.9 泡沫混凝土单体长度宜为10m～15m，长度超过15m应设置沉降缝。沉降缝设置要求如下：

9

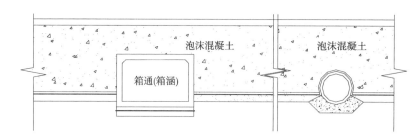

a) 涵洞路段路堤全部换填泡沫混凝土

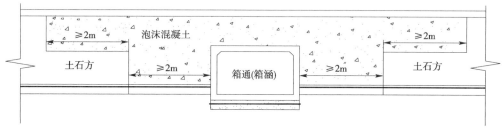

b) 涵洞背部局部换填泡沫混凝土

图7 涵洞路段泡沫混凝土路堤浇筑形式

a) 沉降缝采用上下直立相通的预留沉降缝,可采用20mm~30mm厚的聚苯乙烯板或10mm~20mm厚的涂沥青木板、木夹板或沥青麻絮填塞。
b) 在结构物截面形态发生变化时,应在形态突变处增设置沉降缝。
c) 在地基处理变化范围宜设置沉降缝。
d) 桥台台后采用泡沫混凝土浇筑时,宜结合地形条件分析是否可取消设置桥台锥坡。

6.3.10 泡沫混凝土路堤底层设计构造要求:
a) 泡沫混凝土底层设计应结合路堤工程地形地貌、水文环境条件,做好地表排水设施(如盲沟、渗沟、排水沟等)。泡沫混凝土底面需铺设厚度为30cm~50cm的级配碎石或砂砾作为透水垫层,同时兼作调平层,垫层顶宜设置一层防渗土工布。
b) 泡沫混凝土浇筑体底部应设置一层钢丝网,钢丝网宜设置在距底部上方40cm~60cm范围之内。
c) 当在斜坡上填筑高度大于10m的高路堤时,底层应增设一层混凝土板,板厚为15cm~30cm,各台阶应根据稳定性验算设置抗滑锚钉。

6.3.11 泡沫混凝土路堤填筑构造要求:
a) 泡沫混凝土设计厚度超过6m时,宜每隔2m高度水平铺设一层钢丝网。
b) 软土地基路堤泡沫混凝土浇筑设计厚度应根据沉降计算确定,堆载预压应满足现行规范DB 33/T 904要求;浇筑工艺宜采用先预压,再换填泡沫混凝土的方法。

6.3.12 泡沫混凝土路堤顶层设计构造要求:
a) 浇筑体顶层宜设置一层钢丝网,钢丝网宜水平放置在顶部下方30cm~50cm范围内。
b) 顶层设计应满足路面纵坡与横坡设置要求,并确保路面结构层设计所需的厚度,分台阶调坡。
c) 泡沫混凝土顶面位于上路床范围时,应设置厚度15cm~20cm的水泥混凝土保护层。
d) 泡沫混凝土顶面位于上路床下方时,顶面宜采用50cm砂砾层或粒径不大于10cm的宕渣作为保护垫层,且该垫层压实不应采用振动碾压。

6.3.13 泡沫混凝土浇筑体顶部、底部及其他特殊部位钢丝网设置应符合下列规定:
a) 焊接钢丝网的钢丝直径为$\phi 3.0mm\sim\phi 6.0mm$,尺寸为50mm×50mm或100mm×100mm。
b) 钢丝网搭接时,相邻两块钢丝网间的重叠宽度应为20cm~30cm,并采用镀锌钢丝绑扎连接。

6.3.14 泡沫混凝土设置面板时,应符合下列规定:
   a) 泡沫混凝土直立浇筑时,外立面应采用符合安全、美观、环保、生态、耐久、经济要求的面板进行防护。
   b) 面板可采用混凝土预制面板、景观砌块、轻质砖、空心砖等。
   c) 面板基础混凝土强度等级应不低于C20。
   d) 面板基础应设置沉降缝,设缝位置应与泡沫混凝土浇筑体沉降缝一致。
   e) 面板采用拉筋固定时,拉筋与面板之间应锁定牢固,采用土工格栅作为拉筋时应符合现行JTG/T D32规定。
   f) 面板之间勾缝砂浆强度等级应不低于M7.5。
   g) 对面板基础应验算地基承载力。

6.3.15 面板采用预制时,面板设计应符合下列规定:
   a) 单块面板尺寸的确定以方便预制、搬运和砌筑为原则。
   b) 面板采用实心板时,厚度宜为4cm～6cm;面板采用空心砖时,厚度宜为20cm～50cm。混凝土强度等级应不低于C25。
   c) 面板钢丝(筋)网材质宜满足相关规范要求。

6.3.16 陡坡路堤抗滑设计或锚固件结构设计宜按JTG D30及永久锚固工程相关设计规范执行,并满足稳定性要求。

6.3.17 泡沫混凝土顶面设置防撞护栏时,对防撞护栏应进行专项设计,并应符合以下要求:
   a) 泡沫混凝土顶层宜在护栏基础底座下方设两层钢丝网。
   b) 防撞护栏底部应设置钢筋混凝土底座,混凝土等级宜不小于C30,底座尺寸设计应兼顾安全性和经济性。
   c) 护栏沉降缝与泡沫混凝土的沉降缝位置应一致。

6.4 拓宽路堤

6.4.1 收集原有公路勘察设计、竣工图和养护等资料,查明既有路堤的地基处理方案、填料性质、压实度、路堤沉降变形及边坡稳定状况等。

6.4.2 核查既有路堤及拓宽场地内的通道、管线及排水设施的使用状况,并在此基础上分析拓宽路基对既有路堤、现有管线、防护、排水设施等功能的影响。

6.4.3 泡沫混凝土拓宽路堤,除应对路堤堤身稳定性、路堤和地基的整体稳定性做圆弧滑动验算外,尚应按图8沿新老路基结合面做滑动的稳定性验算,并可按式(5)计算:

$$F_s = \frac{M_1 + M_2\cos\theta}{N_1\cos\theta} = \frac{\mu W_1 + \mu W_2\cos\theta}{W_2\sin\theta\cos\theta} \geq 1.3 \quad\quad\quad (5)$$

式中:
M_1——坡前泡沫混凝土在底面上产生的滑动抵抗力(kN/m);
M_2——坡面上泡沫混凝土沿斜面方向产生的滑动抵抗力(kN/m);
θ ——斜坡的角度(°);
N_1——坡面上泡沫混凝土沿斜面方向的滑动力(kN/m);
μ ——坡面上(或坡前)泡沫混凝土底面与天然坡或基础地基的摩擦系数;
W_1——坡前泡沫混凝土的自重及路面荷重(kN/m);
W_2——坡面上泡沫混凝土的自重及路面荷重(kN/m)。

6.4.4 拓宽路堤和原有路基之间应控制差异沉降并保持良好衔接;新老路基宜采用台阶拼接(图9),开挖坡率宜缓于1:1.0,横向台阶宽度不宜小于1m,坡率适当内倾,坡度以2%～4%为宜。路堤拼接顶部应采用铺设土工合成材料等增强措施。

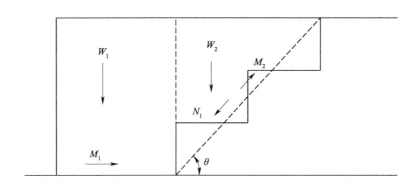

图 8 泡沫混凝土拓宽路堤抗滑稳定性验算简图

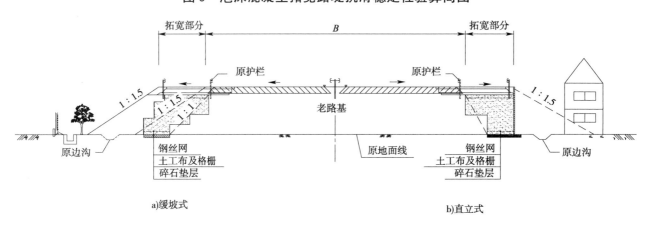

说明：
B-路堤拓宽前的宽度。

图 9 泡沫混凝土应用于路堤拓宽横断面形式

6.4.5 对拓宽路堤应做好排水设计。应考虑既有公路的中央分隔带及路面排水设施，做好横穿路基管线的预埋设计；在泡沫混凝土底部可增设碎石盲沟，以排除路基底部积水。

6.4.6 当用地受限时，泡沫混凝土路堤边坡可采用陡坡防护形式。

6.4.7 陡坡高路堤拓宽时，为提高泡沫混凝土浇筑体抗滑移和抗倾覆安全度，应满足 $L \geqslant 2m$ 且 $L \geqslant 0.25H$，具体宽度可结合浇筑体抗滑移验算确定。

6.4.8 软土地基拓宽路堤设计要求：

a) 拓宽部分路基工后沉降控制标准应满足 JTG D30 规定要求。
b) 在采取等载或超载预压处理时，根据实测沉降速率结合计算分析合理确定二次开挖施工泡沫混凝土方案。
c) 对于沿河塘、傍山、高填土、深厚软土地基拓宽路段，可采用泡沫混凝土与柔性桩或刚性桩复合地基等处理方案相结合。
d) 泡沫混凝土换填时，其底部排水垫层可与既有软基处理的褥垫层厚度相结合，并在垫层内铺置土工格栅。
e) 设计规定的软土地基拓宽路堤施工期末沉降速率控制标准应与老路堤的沉降速率预测值一致。

6.4.9 拓宽路堤的底层、顶层、面板设计详见本标准 6.3 节。

6.5 特殊处治工程

6.5.1 滑坡

滑坡区域处治设计要求如下：

a) 勘察设计阶段应评估场地范围及周边不良地质与浇筑结构体之间的相互作用和稳定性影响,泡沫混凝土处治方案宜与其他方案进行技术经济综合比选。
b) 泡沫混凝土浇筑体在滑坡体上方通过时,应少占地、少破坏,并根据路堤稳定验算结果,做好滑坡体下方的固脚反压措施,将基础落在稳固的地基上,同时应结合排水等其他工程措施进行综合治理。
c) 路堤滑坡处治应将开挖范围的既有路堤滑动面修整成为台阶状,台阶宽度不应小于2m,坡率适当内倾,坡度为2%～4%。
d) 斜坡上浇筑泡沫混凝土时,应采用台阶式浇筑,浇筑体底部基础宽度应满足 $L \geqslant 2m$ 且 $L \geqslant 0.25H$,基础外侧襟边宽度和其他台阶宽度不应小于1m。
e) 泡沫混凝土用于路堤滑坡区段抢险加固时,设计应明确滑塌体清理、排水措施和浇筑体基础处理等要求。浇筑体基础下方可埋置渗水盲沟或支撑渗沟等排水体系。

6.5.2 崩塌

崩塌区域处治设计要求如下:
a) 泡沫混凝土应用于崩塌路段时,应查明已发生的崩塌类型、范围、成因及其对公路的危害程度。泡沫混凝土用于崩塌区域回填之前,应验算场地稳定性以及回填体的抗滑移、抗倾覆稳定性。
b) 泡沫混凝土用于崩塌回填时,应做好防排水设计。
c) 边坡坡面局部塌方空腔或超挖凹陷可采用泡沫混凝土作为调平层。

6.5.3 溶洞、采空区

溶洞、采空区处治设计相关要求如下:
a) 泡沫混凝土应用于溶洞、采空区路段时,应调查岩溶地貌的发育特征或采空区的性质及范围,并分析评估泡沫混凝土回填的可行性。
b) 泡沫混凝土可用于开挖回填、充填、注浆、板跨结合减轻堆载等。
c) 路基范围发育不规则的空腔或坑洞,且体积不大、埋深较浅时,可采用泡沫混凝土充填密实,泡沫混凝土抗压强度等级宜采用CF0.4～CF0.6。
d) 岩溶区域地表水宜采用渗沟、排水沟将水截留至路基外。
e) 当洞体庞大或深度较深时,应在稳定评价基础上,采用钢筋混凝土板块跨越,同时上部可采用泡沫混凝土;对于有顶板但顶板强度不足的干溶洞,可予以加固,提高强度后,上部采用泡沫混凝土路堤。

6.5.4 挡墙变形

挡墙变形及病害处治设计要求如下:
a) 当路堤(肩)挡墙出现结构性裂缝、倾覆变形或侧移时,应根据墙背土压力验算,分析挡墙发生变形的原因,土压力偏大时,可采用泡沫混凝土换填,必要时结合挡墙加固等措施(图10)。

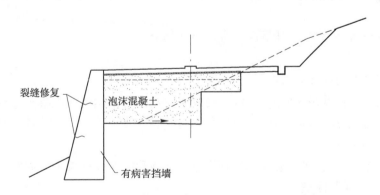

图10 挡墙病害修复泡沫混凝土换填方案

b) 挡墙病害严重并具有安全隐患时,应根据验算情况确定挡墙安全高度,明确拆除范围及泡沫混凝土换填方案(图 11)。

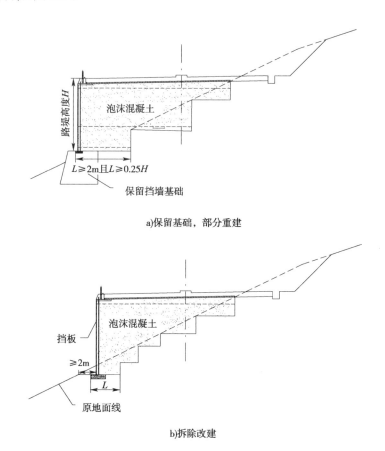

图 11 挡墙病害修复泡沫混凝土处治形式

c) 泡沫混凝土置换体积应根据挡墙地基承载力、土压力、沉降和稳定性验算进行确定。

6.5.5 桥头跳车

桥头跳车处治设计要求如下:

a) 应收集既有的地基处理方案、填筑高度、工后沉降养护和交通量等相关资料,分析桥头跳车病害的形成机制。
b) 若桥头路段运营期年沉降量累计大于 100mm 时,宜采用泡沫混凝土进行路堤换填。
c) 若施工期桥头路堤沉降速率不能满足规范和设计要求时,可在沉降分析基础上采用泡沫混凝土换填处治。
d) 桥头搭板脱空时,可采用泡沫混凝土进行灌注填充。

6.5.6 涵顶减载

公路改建涵顶减载处治设计要求如下:

a) 深厚软土地区既有道路纵坡加大时,涵洞或通道范围可采用泡沫混凝土进行置换减载处理。
b) 当涵洞或通道上方填筑荷载比较高时,可通过泡沫混凝土减载降低结构物的侧压力,同时降低地基承载力要求。
c) 用于涵管顶部减载换填时,涵顶路堤荷载应小于涵管结构设计承载力的 0.9 倍。

6.5.7 隧道洞顶脱空与明洞回填

隧道洞顶脱空与明洞回填处治设计要求如下:

a) 隧道洞顶塌方或脱空时,可采用泡沫混凝土填充衬砌背部空腔。
b) 当洞口仰坡开挖较高时,明洞上方可采用泡沫混凝土回填。

6.5.8 紧急避险车道

a) 公路长下坡路段设置避险车道用地受限或地基承载力不能满足要求时,可采用泡沫混凝土实施直立式防护的紧急避险车道。
b) 浇筑体纵向应采用台阶式布设。
c) 泡沫混凝土顶层上覆路面结构层及垫层总厚度不宜小于1.5m。
d) 对防撞护栏应做好专项设计。

7 施工

7.1 一般规定

7.1.1 施工前,应在全面理解设计要求和设计交底的基础上,对施工现场的气候、地形、地质及构造物等现场情况进行调查后,编制专项施工方案,并做好以上天气的防范预案。

7.1.2 施工前,应做好施工期临时排水总体规划,临时排水设施应与永久性排水设施综合考虑,并与工程影响范围内的自然排水系统相衔接。

7.1.3 建立健全质量、环保、安全管理体系和质量检测体系,并进行培训和交底。

7.1.4 泡沫混凝土施工前,应先做好泡沫混凝土基底交接面的验收工作。

7.2 新建路堤

7.2.1 施工准备

施工准备工作要求如下:
a) 根据实际施工条件,按设计要求进行测量放样,确定边线及基底高程。
b) 泡沫混凝土基底为原状土时,应按照JTG F10的要求进行场地清理、整平压实;在已填筑路堤上浇筑,应满足相应路堤划分区压实度要求。
c) 在浇筑泡沫混凝土之前应做好基底防、排水工作,坑槽开挖好后宜在最低处开挖宽度不超过1m的泄水口,防止坑槽积水。在地下水或地表渗水比较丰富区域,应采用防渗土工布对泡沫混凝土进行包裹处理,避免地下水长期渗流带走水泥基浆等物质。
d) 施工用电就近采用稳定的现场电源,检查用电安全措施是否健全。
e) 应结合设备生产能力、工期等要求划分浇筑区和浇筑层。
f) 浇筑区内分隔可采用模板等材料,并兼作为沉降缝、施工缝。模板及其支撑应具备足够的强度、刚度和稳定性,能承受施工过程中产生的侧压力,且不渗漏。

7.2.2 工艺流程

泡沫混凝土路堤浇筑施工工艺流程见图12。

7.2.3 原材料

原材料应符合以下要求:
a) 水泥、发泡剂、水、外加剂和掺合料要求按本规范第4章执行。
b) 钢丝网、土工材料等辅助材料要求按相关规范执行。

7.2.4 设备

设备选型与功能要求如下:
a) 设备选型按表6执行。

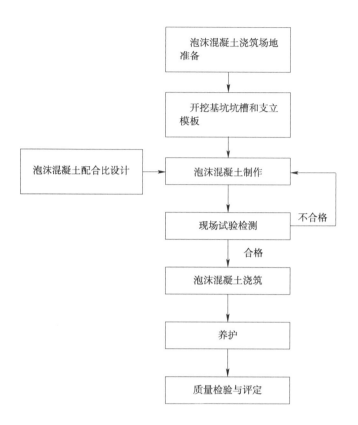

图 12 泡沫混凝土路堤浇筑施工工艺流程

表 6 设备选型要求

工 程 量	设备产能 W（单台设备）
$m<100m^3$	$10m^3/h \leqslant W<30m^3/h$
$100m^3 \leqslant m<1\ 000m^3$	$30m^3/h \leqslant W<50m^3/h$
$1\ 000m^3 \leqslant m<10\ 000m^3$	$50m^3/h \leqslant W<80m^3/h$
$m \geqslant 10\ 000m^3$	$W \geqslant 80m^3/h$

b) 设备要求：
　　1) 泡沫混凝土设备应具有自动进料、电子计量、自动控制、综合信息显示等相关功能，设备控制系统应具有自动统计和汇总功能。
　　2) 设备各单元控制系统之间应实现相互联动。
　　3) 综合信息显示屏应动态显示各个单元的计量信息和控制参数。
　　4) 发泡装置单元应具有发泡剂、水的体积比自动控制与稀释功能。

c) 准备工作：
　　1) 设备计量系统应通过有相关检测资质的检测机构标定。
　　2) 施工设备的配置、搭设应根据工程施工实际合理安排数量和选址。
　　3) 检查及调试设备的各单元，确保设备的各项性能完好，满足施工要求。
　　4) 管道铺设宜保持水平顺直。
　　5) 应根据输送扬程和距离调试混泡压力。

6) 准备好现场试验需要的相关设备。

7.2.5 试验路段

试验路段适用范围及要求如下：

a) 公路路堤泡沫混凝土浇筑工程量超过 5 000m³ 时，应进行试验路段施工。
b) 试验路段应选择在地质条件、断面形式等工程特点具有代表性的路段。
c) 试验路段施工应包括以下内容：
   1) 配合比验证、检测报告。
   2) 明确泡沫混凝土施工工艺主要参数：抗压强度、干（湿）重度、流动度、吸水率、稀释倍数、发泡倍数、气泡率、各级原材料用量和试块切面表观气孔评定等。
   3) 过程质量控制方法。
   4) 质量评价指标。
   5) 优化后的施工组织方案及工艺。
   6) 原始记录、过程记录。
   7) 对施工设计图的修改建议。
d) 编制试验路段施工总结报告。

7.2.6 面板预制及安装

面板预制、安装及质量检查要求如下：

a) 面板预制应符合下列要求：
   1) 面板预制应采用专用模板，确保面板具有足够强度、刚度、平整度和光洁度。
   2) 混凝土强度等级按设计要求确定。
   3) 定位安装好面板拉扣。
   4) 面板尺寸应符合设计要求。
b) 面板预制质量检查标准按表7规定执行。

表7 面板预制质量实测项目

项次	检验项目	规定值或允许偏差	检验方法和频率
1	混凝土强度（MPa）	不小于设计值	按标准 GB/T 50107 的规定，每250块取1组试块，每项目至少1组
2	边长（mm）	0.5％边长	尺量：长宽各量1次，每200块抽查1块，每项目至少5块
3	厚度（mm）	+5，-3	尺量：检查2处，每50块抽查1块，每项目至少5块
4	表面平整度（mm）	0.3％边长	直尺：长、宽各测1次，每50块抽查1块，每项目至少5块
5	预埋件位置（mm）	10	尺量：检查每块，每50块抽查1块，每项目至少5块

c) 面板安装应符合下列要求：
   1) 清理、压实面板基础坑槽，检查基底承载力。
   2) 按设计要求检查基础尺寸、强度。
   3) 清理面板基础顶面，标出面板外缘线，检查基础顶面高程与平整度。
   4) 面板按随浇随砌原则砌筑。
   5) 搬运和砌筑面板时，应轻拿轻放，避免板体损坏和拉扣变形。
   6) 外侧面板可采用设置图案或嵌挤鹅卵石等措施提升外观效果。
d) 面板安装质量检查标准按表8规定执行。

表 8 面板安装质量实测项目

项 次	检验项目	规定值或允许偏差	检验方法和频率
1	每层面板顶高程（mm）	±10	3m 直尺：每 20m 抽查 3 组板
2	轴线偏位（mm）	10	挂线、尺量：每 20m 量 3 处
3	面板垂直度或坡度	0，−0.5％	挂垂线：每 20m 检查 3 处
4	相邻面板错台（mm）	5	尺量：每 20m 检查挡板交界处 3 处
5	平整度（mm）	不应出现明显的凹坑或凸起，实测平整度≤15	2m 直尺：每 20m 长宽各测 1 处

7.2.7 泡沫混凝土生产

泡沫混凝土生产工艺流程及检查控制要求如下：

a) 泡沫混凝土生产工艺流程见图 13。

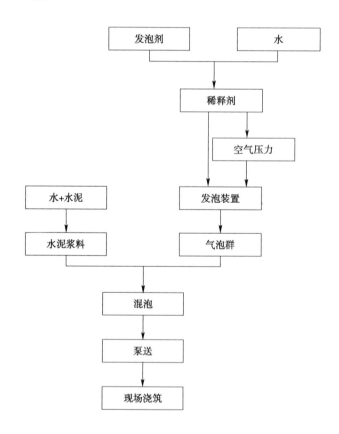

图 13 泡沫混凝土生产工艺流程

b) 计量控制标准。

原材料计量控制标准具体要求见表 9。

表9 原材料计量标准

材 料	计量单位	计量精度	材 料	计量单位	计量精度
水泥	kg	±2.0%	水	kg	±2.0%
发泡剂	kg	±1.0%	外加剂	kg	±1.0%

  c) 水泥浆料制作。
    1) 根据确定的施工配合比和工艺参数进行水泥浆料拌和，应确保各组分混合均匀。
    2) 将搅拌好的水泥浆料存储在具备搅拌功能的储罐内，避免水泥浆沉淀。
    3) 水泥浆料在储料罐中的储存时间不应超过2h。
  d) 泡沫制作要求如下：
    1) 根据发泡剂生产厂家提供的稀释倍数稀释发泡剂。
    2) 泡沫的产生采用压缩空气对发泡剂水溶液加压，发泡倍数可调且稳定。
  e) 混泡要求如下：
  将按配合比设定的泡沫与水泥浆料及时采用经电子计量的混泡设备进行稳压混泡，形成符合设计要求的泡沫混凝土。
  f) 泡沫混凝土生产检查标准见表10。

表10 泡沫混凝土生产检查标准

项 次	检验项目	规定值/允许偏差	检验方法和频率
1	泡沫密度(kg/m³)	45～50	附录A.2 开工前自检1次
2	湿重度增加值(kN/m³)	≤25	附录A.3 开工前自检1次
3	湿重度(kN/m³)	≤配合比设定值	附录B.1 浇筑每100m³自检1次
4	流动度(mm)	180±20	附录B.2 浇筑每100m³自检1次
5	气泡率(%)	≥配合比设定值	附录B.4 浇筑每100m³自检1次

7.2.8 泡沫混凝土浇筑

泡沫混凝土浇筑的操作要求如下：
  a) 浇筑施工应采用管路泵送方式。泵送前，应检查管接头是否紧固，确保接头密封牢固不泄漏。泵送过程中，浇筑管的压力应满足扬程及输送距离要求。
  b) 在地形复杂区域应根据现场情况合理配置机械设备，可采用中继泵进行远距离输送，或采用分级输送方式进行高扬程输送，混泡应在最后一级进行。
  c) 在进行泡沫混凝土浇筑时，浇筑管宜与浇筑面保持缓倾角度(图14)，不应采用从上而下喷射方式进行浇筑，管口应埋入泡沫混凝土内不小于10cm，以降低泡沫混凝土的消泡量。浇筑点由中心向四边扩展或采用多点浇筑。浇筑点不应直接冲击面板及伸缩缝模板部位，避免造成面板底部及接缝处的渗漏。
  d) 在浇筑过程中，若停滞时间超过30min，应及时清洗管道，清洗输送管时以管道出水干净为准。
  e) 浇筑将至顶层时，采用后退方式拖移浇筑管进行人工扫平，浇筑层终凝后方可进行上层的浇筑施工。
  f) 浇筑过程中应减少对泡沫混凝土的扰动，不应在泡沫混凝土里面随意走动或移动浇筑管。
  g) 在浇筑过程中，按表11规定的检测方法和检测频率对泡沫混凝土的湿重度、流动度进行检测，若不符合要求则应及时调整。
  h) 在浇筑过程中，按设计要求安装钢筋(丝)网片。

i) 当遇大雨、暴雨或持续时间较长的小雨天气,对未硬化的泡沫混凝土表面应采取遮雨措施。
j) 单个浇筑区内浇筑层的施工时间宜控制在水泥浆初凝时间内。

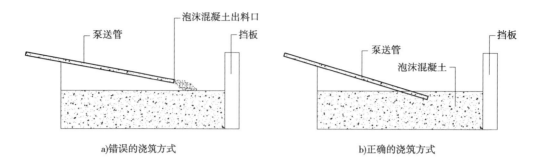

图 14 泡沫混凝土浇筑方式

7.2.9 冬期、雨期及热期施工

泡沫混凝土在冬期、雨期及热期施工注意事项:

a) 冬期、雨期及热期的泡沫混凝土施工,应根据不同的季节特点制订相应的施工技术方案,并应采取有针对性的措施,保证工程质量和施工安全。
b) 施工前应及时掌握气温、雨雪、风暴、汛情等预报,制订应急预案,做好安全防范工作,避免发生事故。施工操作人员应按劳动保护的规定,采取必要的防护措施。
c) 当室外日均气温连续5d低于5℃或环境温度超过38℃以及下雨时,不得进行泡沫混凝土构筑施工;特殊情况需要施工时,应采取特殊措施并进行专项报批,确保工程质量和施工安全。
d) 热期施工,每班完工后应及时清洗拌和设备、储浆设备、浇筑管路中的浆体,避免因浆体凝固损坏设备。
e) 若在冬期施工时,每班完工后应清空各设备及管路中的残留浆体,并对浇筑管路、施工设备、发泡剂及浇筑区域等采取保温措施。

7.2.10 施工过程质量检验

泡沫混凝土施工过程质量检验内容及要求如下:

a) 施工中质量检验项目宜包括泡沫密度、湿重度、流动度、抗压强度,浸水环境下泡沫混凝土还需检验气泡率和吸水率。泡沫混凝土浇筑质量检查项目、检验方法和频率按表11中的规定执行。

表 11 施工过程质量检验标准

项 次	检验项目	规定值/允许偏差	检验方法和频率
1	泡沫密度(kg/m³)	45～50	附录A.2 开工前自检1次
2	湿重度(kN/m³)	≤配合比设定值	附录B.1 浇筑每100m³自检1次
3	流动度(mm)	180±20	附录B.2 浇筑每100m³自检1次
4	吸水率	≤设计值	附录B.3 浇筑每400m³自检1次
5	气泡率(%)	≥配合比设定值	附录B.4 浇筑每100m³自检1次
6	抗压强度(MPa)	≥设计值	附录B.6 每400m³自检1次
7	干重度(kN/m³)	≤设计值	试验方法见JG/T 266,每浇筑400m³自检1次
8	软化系数	≥0.7	浸水时每1 000m³检验1次

b) 试样在出料管口制取,制取时测定并记录试样的湿重度。试块脱模后,放入密封塑料袋中室内保湿养护。
c) 抗压强度试验方法应按附录B.6执行,试块制取及养护应满足:
  1) 应在出料口取样制作。
  2) 每3块为1组,每400 m³制取1组;当不够400 m³时,按400m³考虑。
  3) 试块脱膜后,应置于密封塑料袋中进行养护。
  4) 单组单轴抗压强度检验合格标准应满足式(6):

$$R_n \geqslant R \quad\quad\quad\quad\quad\quad\quad\quad\quad\quad\quad\quad (6)$$

式中:
R_n——单组试块3个试块抗压强度代表值(MPa);
R——抗压强度设计值(MPa)。

d) 现场施工人员的浇筑方法是否合理。
e) 设备工作的各个环节是否正常稳定。
f) 现场试验是否按要求进行检测。
g) 在浇筑工程中的面板及模板是否有变形、破损,浆液是否有渗漏。
h) 施工中应对发泡剂、水泥质量和气泡与水泥浆料的适应性进行复检,并应满足下列要求:
  1) 发泡剂检验频率按本标准4.3.5条款执行。
  2) 水泥检验频率,袋装为1次/200t,散装为1次/500t。
  3) 发泡剂检验方法按本标准附录A.1、A.2,水泥按国家标准的规定执行,两者适应性按附录A.3的规定执行。
  4) 发泡剂检验结果应符合本标准第4.3.3条及表1的规定。
i) 面板预制质量检验宜根据面板的选型、结构形式按表7和表8执行。

7.2.11 养生

泡沫混凝土养生期间应注意以下事项:
a) 禁止直接在泡沫混凝土表面进行机械、车辆作业或堆压杂物。
b) 除填充工程外,泡沫混凝土每层浇筑完毕应采用保湿养生。
c) 泡沫混凝土顶面在上路床范围时,路面施工应在顶层泡沫混凝土养生28d以后进行。

7.3 拓宽路堤

7.3.1 施工准备、施工工艺流程、原材料、设备、试验路段、面板预制及安装、泡沫混凝土生产及浇筑、冬期、雨期及热期施工、施工过程质量检验和养护等工作均按本标准7.2节相关条款规定执行。

7.3.2 施工要求如下:
a) 根据现场实际情况,制订详细的施工方案及营运道路交通组织方案,并上报有关部门审核批复。
b) 施工现场应设置醒目的安全、警示标志和安全防护设施,对施工人员进行技术及安全交底。
c) 施工前应截断流向拓宽作业区的水源,开挖临时排水沟,保证施工期间排水通畅。
d) 老路堤与泡沫混凝土交界的坡面,宜采用缓于1∶1.0的坡率进行台阶开挖。土基台阶应密实,无松散物。
e) 老路堤坡体纵向单次开挖长度不宜超过100m,并应及时采用泡沫混凝土进行回填,防止雨水冲刷而引起塌方隐患。
f) 在施工过程中,浇筑管路应远离老路堤铺设,并安排专人进行巡视,以免泵管泄漏对过往行人车辆造成伤害。

7.4 特殊处治工程

7.4.1 滑坡

滑坡区域施工要求如下：

a) 滑坡地段处治前，应制订滑坡或边坡危害的安全预案，并注意对滑坡区内其他工程和设备设施的保护。
b) 施工时应采取措施截断流向滑坡体的地表水、地下水及临时用水。对滑坡坡表裂隙采取封闭措施，并做好泡沫混凝土浇筑体基础下方的排水措施。
c) 应按设计要求分区清理滑坡区域堆积体，不应超挖乱挖，边清理边做好安全防范工作，并按设计要求合理安排施工工序，开挖坑槽应跳槽施工，并及时做好加固措施。
d) 施工过程中应进行监测，应对现场施工发现的裂缝或变形进行记录，发现异常应及时上报相关部门。遇雨天及其他恶劣天气应停止施工，并加强巡查，发现异常及时通报。

7.4.2 崩塌

崩塌区域施工要求如下：

a) 崩塌区域应在邻边、危险区域周围设置围栏和安全警示牌，做好相关的安全防护工作。
b) 对崩塌路段应采取有效的工程措施，预防岩石塌落危及其他设施和施工设备的安全。
c) 泡沫混凝土底层下方路基填筑不应采用振动碾压。
d) 在确认安全的条件下对泡沫混凝土的工作面进行清理，应安排专人对施工现场周围进行监视，发现不安全因素应立即停止施工，直至危险源解除方可继续施工。
e) 若施工区域距离泡沫混凝土设备较远，可按 7.2.8 b)规定执行。
f) 施工材料堆放要远离危险的崩塌区域。
g) 有影响施工安全和质量的恶劣天气时应停止施工，并做好相关的预防工作。

7.4.3 溶洞、采空区

溶洞、采空区施工要求如下：

a) 岩溶区域地表水应按设计采用排水沟将水截留至岩溶区域之外，同时做好施工区域的临时排水。
b) 泡沫混凝土用于溶洞、采空区处理前，要现场复核岩溶地貌或采空区的发育特征，估算泡沫混凝土回填的体积。
c) 泡沫混凝土用于不规则空洞浇筑时，泡沫混凝土宜自孔洞底部向上浇筑，并填充密实；在进行泡沫混凝土填充时，应考虑机械输送能力，施工时合理布置泵送距离。
d) 在地下水位以下施工时，应采取临时降水措施，确保基底无积水的情况下浇筑，确保泡沫混凝土养生龄期不少于3d且满足抗浮要求后才能撤除临时降水措施。

7.4.4 挡墙变形

挡墙变形或病害治理施工要求如下：

a) 挡墙变形区域范围应在邻边、危险区域周围设置围栏和安全警示牌，做好相关的安全防护工作。
b) 应按设计要求编制老挡墙拆卸的施工组织方案，通过评审之后方可实施。
c) 在进行挡墙墙背开挖时，靠近墙背的土石方应采用人工开挖或小型器械开挖，避免或减少开挖对既有挡墙的二次损伤，同时做好基坑排水的工作，避免坑底积水。
d) 墙背泡沫混凝土回填前，应进一步评估挡墙的安全使用状态，并确定挡墙的实际拆卸范围。
e) 泡沫混凝土面板采用砌块时，砌筑砂浆应满足 M7.5 号砂浆的质量要求，砌缝宜采用勾缝，缝宽不应超过1cm。

7.4.5 桥头跳车

桥头病害治理施工要求如下：

a) 应结合现场实际条件采取临时排水疏导措施。
b) 病害桥头置换泡沫混凝土时,应按设计要求做好交通组织和安全防护措施。
c) 桥头台背开挖应采用人工开挖或小型器械开挖,并保护墩台完好。
d) 桥头背部纵向台阶宽度应满足设计要求。

7.4.6 涵顶减载

公路改建工程涵顶减载施工要求如下:
a) 涵顶减载开挖应采用小型机械开挖,邻近涵顶区域应采用人工开挖,开挖时不应破坏涵顶防水设施。
b) 卸载坑底时应检查土工布是否密封良好,泡沫混凝土浇筑时,应保护土工布铺设完好,浇筑前应做好坑底排水处理。

7.4.7 隧道洞顶脱空与洞口偏压

隧道洞顶脱空或洞口偏压处治时施工要求如下:
a) 隧道洞顶塌方区域或明洞上方回填前,应先处理好排水设施。
b) 泡沫混凝土用于洞门装饰时,应在其表面做好砂浆抹面防护。
c) 明洞上方回填采用泡沫混凝土时,应做好排水措施,表面封闭的覆盖层厚度不宜小于1.0m。

7.4.8 紧急避险车道

紧急避险车道施工要求如下:
a) 在紧急避险车道周边应做好排水措施,应避免地表水长期冲刷或侵蚀。
b) 泡沫混凝土单层浇筑厚度不应大于50cm。

8 检验与评定

8.1 一般规定

8.1.1 泡沫混凝土作为一个分项工程进行质量检验评定,分项划分按JTG F80/1规定执行。

8.2 基本要求

8.2.1 泡沫混凝土所采用的水泥、发泡剂、水及其他材料的技术性能和标准应符合设计文件和本标准规定。

8.2.2 泡沫混凝土结构层浇筑应分层、分块浇筑,斜坡面上浇筑泡沫混凝土路堤时,应按设计要求实施台阶式浇筑,台阶尺寸应符合设计要求。

8.2.3 泡沫混凝土表面应避免出现油污、层裂、疏松。

8.2.4 泡沫混凝土顶面养生期内不得堆放杂物或行走车辆。

8.2.5 单个标准试块切面的气孔表观质量应符合附录C的评定标准。

8.2.6 当分项工程中的不合格标准试块数量超过20%,则该分项工程评定不合格。

8.3 实测项目

泡沫混凝土实测项目,见表12。

表 12 泡沫混凝土实测项目

项 次	检查项目	规定值或允许偏差	检验方法和频率	权值
1△	抗压强度(MPa)	≥设计值	按附录B.6检查	2
2△	干重度(kN/m³)	≤设计值	按附录B.3中公式(B.2)检查	2

表 12（续）

项次	检查项目	规定值或允许偏差	检验方法和频率	权值
3	吸水率	≤设计值	按附录B.3检查	2
4	顶面高程(mm)	+10,-15	水准仪：每200m测4点，不足200m每个浇筑工点测4点	1
5	外观尺寸(mm)	符合设计要求	米尺：每200m测4点，不足200m每个浇筑工点测4点	1
6	浇筑厚度(mm)	-50	每1 000m²抽检1组，不足1 000m²每个浇筑工点取芯至少1组，每组抽检3点	2
7	平整度(mm)	不应出现明显的凹坑或凸起，实测平整度≤15	3m直尺：每个浇筑工点测3处或200m测2处（每处10尺）	1
注：Δ表示必测项目，为涉及结构安全和使用功能的重要实测指标； 　　实测项目仅用于路堤工程的泡沫混凝土现浇填筑工程，其他工程参照执行。				

8.4 外观鉴定

8.4.1 表面平整，棱角线顺直，不符合要求时减1分～3分。

8.4.2 检查泡沫混凝土表面，发现宽度1mm以上裂缝减1分～3分。

8.4.3 泡沫混凝土表面出现坑槽、脱皮、松散，酌情减1分～3分。

8.4.4 按附录C分类标准评定试块表观气孔，评定等级为合格时，试块切面若发现1个孔径≥3.0mm的大气孔，每处减0.5分，最多减3分。

附 录 A
（规范性附录）
原材料试验

A.1 泡沫沉降距和泌水量试验

A.1.1 适用范围

适用于发泡剂性能检测，测定单位体积气泡1h的沉降距和泌水量。

A.1.2 仪器、设备

a) 泡沫试验仪1台（图A.1），该仪器由带刻度的玻璃容器、玻璃管和浮标组成。玻璃容器高度为200mm，内径200mm，底部有孔。玻璃管与容器的孔相连接，玻璃管的直径为14mm，长度为700mm，底部有阀门。浮标是一块直径为190mm和重25g的圆形铝板。

b) 不锈钢量杯1个，容积5L。

c) 平口刀1把，刀长应略大于不锈钢量杯直径，不小于200mm。

d) 100mL量筒1只，分度5mL。

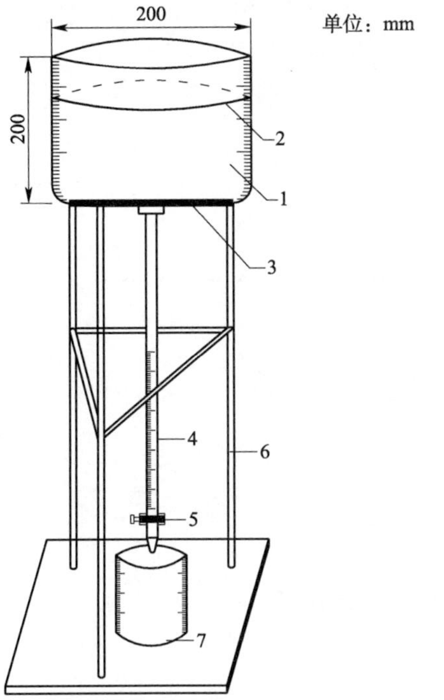

A.1.3 取样方法

在发泡机的泡沫浇筑管出口处取样。

A.1.4 试验步骤

a) 将试验仪的玻璃容器、玻璃管洗净晾干，试验仪玻璃管上的小阀门关闭。

b) 不锈钢量杯、平口刀清洗干净，晾干。

c) 用不锈钢量杯取泡沫样，并将试样装满玻璃容器。

d) 用平口刀慢慢地沿量杯上端口平面刮平试样，盖上铝制浮标。

e) 经1h后，读取带刻度的玻璃容器上的沉降数值（mm），读数精确至0.5mm，即为沉降距。

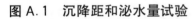

图 A.1 沉降距和泌水量试验

1-玻璃容器；2-浮标；3-玻璃容器托环；
4-玻璃计量管；5-小阀门；6-支架；7-量筒

f) 打开试验仪玻璃管上的小阀门，将液体放入量筒中，读取液体体积（mL），读数精确至1mL即为泌水量。

A.2 泡沫密度和发泡倍数试验

A.2.1 适用范围

适用于发泡剂性能检测，测定泡沫密度和泡倍数。

A.2.2 仪器、设备

a) 电子秤1台，最大量程500g，精度为0.1g。

b) 不锈钢量杯1个，容积1L。

c) 平口刀1把，刀长不小于200mm。

A.2.3 取样方法

在发泡机的泡沫浇筑管出口处取样。

A.2.4 试验步骤

a) 不锈钢量杯、平口刀清洗干净,晾干。
b) 准备好电子秤,将其水平放置并调零。
c) 将不锈钢量杯放置在电子秤上,称重质量为 m_1(g)。
d) 用量杯取泡沫样。
e) 用平口刀将不锈钢量杯杯口刮平试样,称重质量为 m_2(g)。
f) 进行3次平行试验,取其平均值。

A.2.5 数据处理

a) 按式(A.1)求出泡沫密度 ρ:

$$\rho = \frac{(m_2 - m_1)}{V} \quad\quad\quad\quad (A.1)$$

式中:

m_1——空的干燥不锈钢量杯质量值;
m_2——不锈钢量杯和泡沫合计质量值;
V ——不锈钢量杯容积(cm³)。

b) 按式(A.2)求出发泡倍数 M:

$$M = \frac{V}{(m_2 - m_1)/\rho_0} \quad\quad\quad\quad (A.2)$$

式中:

V、m_2、m_1 符号含义同式(A.1);
ρ_0——泡沫剂水溶液密度,取 1.0g/cm³。

A.3 适应性试验

A.3.1 适用范围

适用于泡沫与水泥浆料的适应性检测,测定其拌和料经消泡后的湿重度的增加量。

A.3.2 仪器、设备

a) 试验用泡沫混凝土专用双卧轴强制式搅拌机 1 台。
b) 电子秤 1 台,最大量程 2 000g,精度 1g。
c) 塑料桶 1 个,容积≥15L。
d) 带刻度的不锈钢量杯 2 个,容积 1L。
e) 平口刀 1 把,刀长 150mm。
f) 秒表 1 块。

A.3.3 标准样品制备

标准样品湿重度控制在(5.50±0.05)kN/m³。

A.3.4 试验步骤

a) 用塑料桶接取标准样品,试样数量应为 10L。
b) 应按本规程附录 B.1 测得标准样品的初始湿重度。
c) 将塑料桶平放于水平地面上,并应静置 1h。
d) 将标准样品完全倒入试验用搅拌机中,并应连续搅拌 60s。
e) 应按本规程附录 B.1 测得新拌泡沫混凝土静置 1h 的湿重度。
f) 标准样品静置 1h 的湿重度增加值应按下式计算:

$$\Delta\gamma = \gamma - \gamma_0 \quad\quad\quad\quad (A.3)$$

式中:

Δγ——标准样品静置1h的湿重度增加值(kN/m³),精确至0.001kN/m³;

γ ——标准样品静置1h的湿重度(kN/m³),精确至0.001kN/m³;

$γ_0$——标准样品的初始湿重度(kN/m³),精确至0.001kN/m³。

A.3.5 数据处理

a) 按式(A.4)算出每次搅拌后的消泡率$δ_i$(%):

$$δ_i = \frac{G_i - G_{i+1}}{G_i} \times 100 \quad\quad\quad (A.4)$$

式中:

$δ_i$ ——第i次测得的消泡率(%);

G_i、G_{i+1}——第i次、第$i+1$次测得的气泡率(%)。

b) 按式(A.5)算出平均消泡率$\bar{δ}$(%):

$$\bar{δ} = \frac{δ_1 + δ_2 + δ_3}{3} \quad\quad\quad (A.5)$$

式中:

$\bar{δ}$ ——平均消泡率(%);

$δ_1, δ_2, δ_3$——第1、2、3次测得的消泡率(%)。

附 录 B
（规范性附录）
混合料试验

B.1 湿重度试验

B.1.1 适用范围

适用于泡沫混凝土浇筑工程，测定泡沫混凝土混合浆料的湿重度（单位体积重量）。

B.1.2 仪器、设备

a) 盘秤或电子秤 1 台，最大量程 2 000g，精度为 1g。
b) 带刻度的不锈钢量杯 2 个，容积为 1L。
c) 平口刀 1 把，刀长略长于量杯杯口直径，约 200mm。

B.1.3 取样方法

a) 现场取样：在浇筑管出口处取样。
b) 室内取样：在搅拌好的拌和料中取样。

B.1.4 试验步骤（图 B.1）

a) 准备好盘秤或电子秤，将其水平放置并调零。
b) 将量杯、平口刀清洗干净，然后用干净抹布将其抹干。
c) 测得量杯的体积 $V(cm^3)$ 和质量 $m_1(g)$。
d) 用其中一个量杯取样，并将试样慢慢地装满另一个量杯。
e) 用平口刀轻敲装满试样的量杯外壁，使试样充满整个量杯。
f) 用平口刀慢慢地沿量杯上端口平面刮平试样。

将装满试样的量杯轻轻地平放在盘秤或电子秤上，测得其质量为 $m_2(g)$。

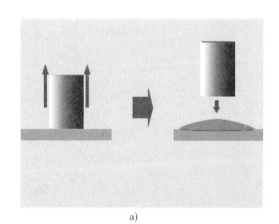
a)
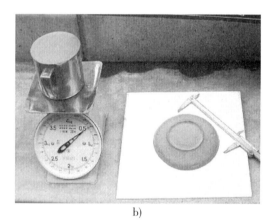
b)

图 B.1 湿重度、流动度测定示意图

B.1.5 数据处理

按式(B.1)求出湿重度(kN/m^3)：

$$\gamma = \frac{10 \times (m_2 - m_1)}{V} \quad \cdots\cdots\cdots\cdots\cdots\cdots (B.1)$$

式中：

γ ——泡沫混凝土湿重度；

V ——量杯的体积；

m_1 ——空的量杯质量；

m_2 ——装满试样的量杯的质量。

B.2 流动度试验

B.2.1 适用范围

适用于泡沫混凝土构筑工程，测定其流动性能。

B.2.2 仪器、设备

a) 黄铜或硬质材料空心圆筒1个，内径80mm、高80mm。
b) 不锈钢板1块（也可以采用玻璃板或光滑硬质塑料板），边长400mm×400mm。
c) 带刻度的不锈钢量杯1个，容积1L。
d) 平口刀1把，刀长大于200mm。
e) 游标卡尺1支，量程在250mm以上，最小刻度为0.02mm。

B.2.3 取样方法

a) 现场取样：在浇筑管出口处取样。
b) 室内取样：在搅拌好的拌和料中取样。

B.2.4 试验步骤（图B.1）

a) 清洗并抹干空心圆筒、不锈钢板、量杯和平口刀。
b) 将空心圆筒水平放置于不锈钢板上。
c) 用其中一个量杯取样，并将其试样慢慢地装入空心圆筒中，但不能溢出。
d) 用手指轻敲空心圆筒外侧，使试样充满整个空心圆筒。
e) 用平口刀慢慢地沿空心圆筒的上端口平面刮平试样。
f) 用双手慢慢地将空心圆筒垂直提升，并使试样静置1min。
g) 用游标卡尺测出试样铺展最大水平直径，即为实测流动度。

B.3 干重度、吸水率试验

B.3.1 适用范围

适用于泡沫混凝土构筑工程，测定泡沫混凝土绝干后的吸水率。

B.3.2 仪器、设备

a) 电子秤1台，最大量程2 000g，精度为0.1g。
b) 电热鼓风干燥器1台，最高温度为200℃，精度为1℃。
c) 恒温水槽，50L，控制水温在(20±5)℃。

B.3.3 取样方法

取在标准环境中封闭养生28d后的预制泡沫混凝土试块：100mm×100mm×100mm立方体试块，一组3块。

B.3.4 试验步骤

a) 准备好电子秤，将其水平放置并调零。
b) 试块分3块为一组，逐块量测长、宽、高三个方向的轴线尺寸，精确至1mm；计算出试块平均体积V(cm³)。
c) 将试块放入电热鼓风干燥箱内，在(60±5)℃下保温24h，然后在(80±5)℃下保温24h，再在(105±5)℃下烘至恒重，称重得平均恒重质量为m_0(g)。
d) 将恒重后的试块放入水温为(20±5)℃的恒温水槽内，然后加水至试块高度的1/3，保持24h；加水至试块高度的2/3，保持24h；再加水高出试块30mm以上，保持24h。

e) 将试块从水中取出,抹去表面水分,立即称取试块质量,一组得平均质量 m(g),精确至 1g。

B.3.5 数据处理

a) 按式(B.2)求出干重度(N/cm³):

$$\gamma_d = \frac{10 \times m_0}{V} \quad \quad \quad \quad \quad \quad \text{(B.2)}$$

式中:

γ_d ——干重度(N/cm³);
m_0 ——试块恒重质量(g);
V ——试块平均体积(cm³)。

b) 按式(B.3)求出质量吸水率(%):

$$w_M = \frac{m' - m_0}{m_0} \times 100 \quad \quad \quad \quad \quad \quad \text{(B.3)}$$

式中:

w_M ——质量吸水率(%);
m' ——试块吸水后质量(g);
m_0 ——试块烘干至恒重质量(g)。

B.4 气泡率试验

B.4.1 适用范围

适用于泡沫混凝土构筑工程,测定泡沫与水泥浆料拌和料中气泡的体积率。

B.4.2 仪器、设备

a) 带刻度的玻璃量筒 2 个,容积 500mL。
b) 不锈钢量杯 1 个,容积 1L。
c) 无水酒精,500mL。

B.4.3 取样方法

a) 现场取样:在浇筑管出口处取样。
b) 室内取样:在搅拌好的拌和料中取样。

B.4.4 试验步骤

a) 将量杯、玻璃量筒清洗干净,晾干。
b) 用量杯取样,并将试样慢慢地装入其中一个玻璃量筒至 300mL。
c) 用另一个玻璃量筒,量取无水酒精 200mL,倒入前一个玻璃量筒中。
d) 静置 5min 后,读取前一个玻璃量筒中试样的体积 V(mL)。
e) 平行测定 3 次。

B.4.5 数据处理

按式(B.4)求出气泡率 G(%):

$$G = \frac{500 - V}{300} \times 100 \quad \quad \quad \quad \quad \quad \text{(B.4)}$$

式中:

G ——试验测得的气泡率;
V ——玻璃量筒中发泡之后的混合浆料经消泡之后测定的残余浆料体积。

B.5 表干重度、饱和重度试验

B.5.1 适用范围

适用于泡沫混凝土构筑工程,测定其表干重度和饱和重度。

B.5.2 仪器、设备
　　a) 钢模或塑模：规格 100mm×100mm×100mm。
　　b) 电子秤：最大量程为 2 000g，精度为 1g。
　　c) 钢尺：尺长 200mm，分度值为 0.5mm。
　　d) 恒温水槽：控制水温为(20±5)℃。
　　e) 电热鼓风干燥箱：最高温度为 200℃。

B.5.3 试块制作
　　a) 试块制备：在浇筑管出口处取样，浇筑成型。
　　b) 规格数量：100mm×100mm×100mm 立方体试块，两组共 6 块。
　　c) 试块养护：试块由钢模中拆出后，3 块为一组放入塑料袋内密封自然养护，保持室内养生温度在(20±2)℃，湿度为 95%，养生龄期为 28d。

B.5.4 试验步骤

B.5.4.1 表干重度试验步骤
　　a) 试块分 3 块为一组，逐块量测长、宽、高三个方向的轴线尺寸，精确至 1mm。
　　b) 计算出试块体积 V(cm³)。
　　c) 称量每块试块称重质量 m_a(g)。

B.5.4.2 饱和重度试验步骤
　　a) 试块分 3 块为一组放入电热鼓风干燥箱，在(50±5)℃下保温 24h，然后在(70±5)℃下保温 24h 烘至恒重。
　　b) 试块冷却至室温后，放入水温为(20±5)℃的恒温水槽中，然后加水至高出试块高度的 1/3，经 24h，加水至高出试块高度的 2/3，经 24h 后，再加水至高出试块 300mm 以上，保持 24h。
　　c) 将试块从水中取出，擦去表面水分，立即称取每块试块质量 m_s(g)。

B.5.5 数据处理
　　a) 按式(B.5)计算出表干重度 γ_a(kN/m³)：

$$\gamma_a = \frac{10 \times m_a}{V} \quad\quad\quad\quad\quad\quad (B.5)$$

式中：
γ_a ——表干重度(kN/m³)；
m_a ——每块标准养护泡沫混凝土试块称重质量(g)；
V ——试块体积(cm³)。

　　b) 按式(B.6)计算出饱和重度 γ_s(kN/m³)：

$$\gamma_s = \frac{10 \times m_s}{V} \quad\quad\quad\quad\quad\quad (B.6)$$

式中：
γ_s ——饱和重度(kN/m³)；
m_s ——饱水养护之后的泡沫混凝土试块称重质量(g)；
V ——试块体积(cm³)。

B.6 抗压强度试验方法

B.6.1 目的和适用范围
　　本试验规定了测定泡沫混凝土极限抗压强度的方法，以确定泡沫混凝土的强度等级，作为评定泡沫混凝土品质的主要指标，本试验适用于各类泡沫混凝土的立方体试块。

B.6.2 试块制备

a) 泡沫混凝土抗压强度试块以边长 100mm 的立方体为标准试块。

b) 泡沫混凝土抗压强度试块应以同龄期者为一组，每组为 3 个同条件制作和养护的混凝土试块。

B.6.3 试验结果按式(B.7)计算：

$$R = P/A \quad\quad\quad\quad\quad\quad\quad\quad (B.7)$$

式中：

R——泡沫混凝土抗压强度(MPa)；

P——极限荷载(N)；

A——受压面积(mm^2)。

以 3 个试块测值的平均值为测定值。如任一个测值与中值的差值超过中值的 15% 时，则取中值为测定值；如有两个测值与中值的差值均超过上述规定时，则该组试验结果无效。

附 录 C
（规范性附录）
气孔表观质量评定分级标准

泡沫混凝土任意切面气孔表观质量评定可分为合格与不合格两级。

a) 满足下述两个要求之一，应评定为"合格"：
  1) 表观气孔分布均匀、细密，封闭状，多数气孔孔径≤0.5mm，100%表观气孔均满足孔径＜1.0mm（图C.1）。
  2) 表观气孔总体均匀、细密，封闭状，90%或以上表观气孔孔径＜1.0mm，标准试块任意切面偶现大气孔，但单个切面孔径≥3mm的气孔统计数量应少于8个，且最大气孔孔径＜5.0mm（图C.2）。

b) 满足下述两个要求之一，应评定为"不合格"：
  1) 气孔大小不均，呈现大量孔径≥1.0mm气孔（大气孔含量＞10%），部分气孔相互连通，表面呈现松弛和不规则的麻絮状，多现孔径≥3mm的大气孔（图C.3）。
  2) 标准试块的任意切面孔径≥3mm的大气孔统计数量≥8个或个别大气孔孔径≥5.0mm（图C.4）。

注：图中网格刻度为0.25mm。

图C.1　表观气孔分布均匀、细密（最大等效孔径 d_e≤1.0mm）

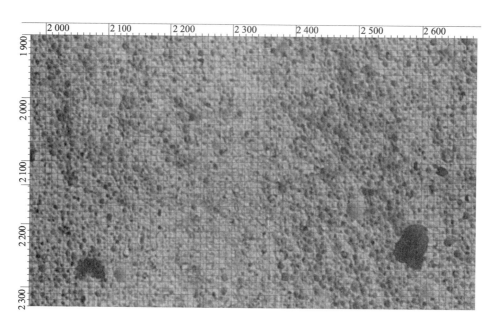

注:图中网格刻度为0.25mm。

图C.2 表观气孔总体均匀、细密(偶现大气孔孔径 d_e < 5.0mm)

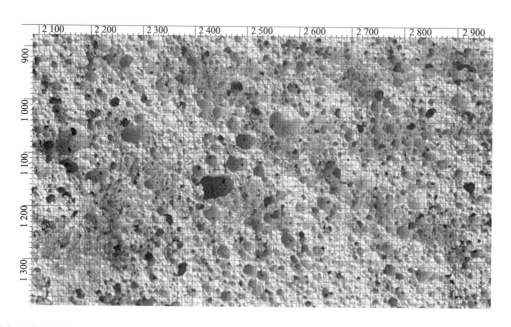

注:图中网格刻度为0.5mm。

图C.3 气孔大小不均,多现孔径≥1.0mm气孔,部分气孔相互连通,呈现麻絮状

注：图中网格刻度为0.5mm。

图C.4 孔径≥3mm的大气孔统计数量≥8个或个别大气孔孔径≥5.0mm

附 录 D
（资料性附录）
混合料试验配合比推荐值

表 D.1 配合比推荐表

设计强度（MPa）	试配强度（MPa）	水泥掺量（kg）	每立方米用水量（kg）	气泡率（%）	湿重度（kN/m³）	流动度（mm）
0.30	0.32	275	165	74.1～75.0	3.0～4.2	180±20
0.50	0.53	310	186	72.3～73.2	4.5～5.5	
0.60	0.63	330	198	69.2～70.1	5.5～6.2	
0.70	0.74	350	210	68.0～69.0	6.0～6.5	
0.80	0.84	365	219	66.7～67.6	6.5～7.0	
1.00	1.05	375	225	65.0～66.0	6.8～7.5	
1.20	1.26	390	234	62.2～63.1	7.1～8.3	
1.40	1.47	410	246	61.0～62.0	8.0～8.8	
1.60	1.68	425	255	59.1～60.0	8.5～9.0	
1.80	1.89	450	270	56.8～57.9	8.7～9.2	
2.00	2.10	475	285	53.9～54.8	9.0～9.4	
注：水泥采用42.5级及以上，有要求时可适当掺加砂、矿粉等材料。						

附 录 E
（资料性附录）
不同重度指标试验值

表 E.1 泡沫混凝土的重度试验值对比表

干重度等级	表干重度的变化范围（kN/m³）	湿重度的变化范围（kN/m³）	饱和重度的变化范围（kN/m³）
A03	2.6～3.9	3.0～4.7	3.0～4.6
A04	3.6～4.8	3.9～5.9	3.9～5.8
A05	4.6～5.8	4.8～7.1	4.8～7.0
A06	5.7～6.9	5.8～8.1	5.8～8.0
A07	6.7～7.9	6.9～9.4	6.9～9.2
A08	7.8～9.0	8.0～10.7	8.0～10.5
A09	8.8～10.0	9.0～11.4	9.0～11.3

附 录 F
（资料性附录）
泡沫混凝土在公路行业应用分类及其主要技术特性

表 F.1 泡沫混凝土在公路行业应用分类及其主要技术特性

工程类型	工程应用	技术特性					
		轻质	流动性	强度	耐久性	自立性	工艺简便
新建路堤	软土路堤	★	☆	★	★	☆	★
	桥头路堤	★	★	★	★	★	★
	台（涵）背填筑	★	★	★	★	★	★
拓宽路堤	路基拓宽	★	★	★	★	★	★
	陡支护减少拆迁	★	☆	★	★	★	★
	加载工程	★	☆	★	★	☆	★
特殊处治	高陡挡墙墙背填筑	★	★	★	★	☆	★
	滑坡体上方填筑	★	☆	★	★	★	★
	路堤滑移治理	★	☆	★	★	★	★
	傍河路堤拓建	★	☆	★	★	★	★
	高路堤减载	★	☆	★	★	☆	★
	边坡塌方治理	★	★	★	★	☆	★
	隧道塌方治理	★	★	☆	★	☆	★
	岩溶区路堤	★	★	★	★	☆	★
	采空区路堤	★	★	★	★	☆	★
	超挖填补	☆	★	☆	★	☆	★
	明洞地基处理	★	★	★	★	☆	★
	桥头跳车治理	★	★	★	★	☆	★
	基础脱空区治理	★	★	☆	★	☆	★
	涵洞基础病害治理	★	★	★	★	☆	★
	桥台倾覆加固	★	☆	★	★	☆	★
注：表中★为主要特性，☆为次要特性。							

附件

公路工程泡沫混凝土应用技术规范

Technical specification for foamed concrete application on highway

（DB 33/T 996—2015）

条 文 说 明

前　言

浙江省素有"七山二水一分田"的特殊地貌环境。西部丘陵山区地形起伏大，地质条件复杂，工程地质灾害防治颇为棘手；东部沿海宽阔的平原区分布着深厚的软土地基，公路工程建设也面临着诸多的复杂难题。棘手的软土地基处理难题经常带来一系列工程养护的顽疾，如"桥头跳车"病害等。近年来，泡沫混凝土的应用为公路工程建设提供了一些新的技术手段，其在浙江省公路软土路堤、拓宽工程以及特殊处治工程（如滑坡、崩塌、溶洞与采空区、挡墙变形、桥头跳车、涵顶减载、隧道洞顶脱空与明洞回填、紧急避险车道）等诸多领域均得到了广泛的工程应用，取得了卓越的工程实效，社会经济效益显著，具有广阔的应用前景。然而，随着泡沫混凝土市场需求的增加，目前各地各类厂家配制的泡沫混凝土质量指标参差不齐，甚至出现鱼目混珠、以次充好的乱象，严重危害公路工程的施工质量，甚至威胁工程安全。其重要原因是新型材料——泡沫混凝土的质量控制指标（如强度、重度等）要求、工艺控制目前尚无统一的标准，泡沫混凝土在公路工程上的技术应用亟待通过标准化加以规范和指导，浙江省地方标准《公路工程泡沫混凝土应用技术规范》的编写具有迫切性和积极意义。

本规范编写过程中，编写组在广泛而深入的调研基础上，吸收了行业和其他省份相关的技术法规、技术标准的先进成果，先后组织和完成了浙江省交通运输厅科技计划项目《泡沫混凝土在浙江公路工程上的应用研究》（编号：2010H05）、《滨海深厚软土地基路堤工程特性与关键技术研究》（编号：2011H05）、《泡沫混凝土在滨海工程上适用性与耐久性研究》（编号：2013H51）和《泡沫混凝土在软土地基桥路过渡段的应用研究》（编号：2013H13）等课题。编写组通过6年多的持续试验研究和应用推广，在浙江省公路工程中取得了数百例的工程应用案例，认真总结并编制了《公路工程泡沫混凝土设计与施工指南（试行）》和《公路工程泡沫混凝土质量检验评定标准（试行）》两项技术指南，在浙江省公路工程软基处理和抢险与灾(病)害处治中发挥了重大的社会经济效益。科研成果先后荣获2011年浙江省公路学会科学技术一等奖、2014年浙江省科技进步三等奖。

本规范规定了公路工程泡沫混凝土的原材料、混合料、设计、施工及质量检验与评定等要求，适用于公路工程的新建路堤、拓宽路堤、特殊处治工程应用泡沫混凝土的设计、施工及质量检验与评定。

编　者
2015年10月

3 术语和定义

3.1 泡沫混凝土

泡沫混凝土是一种含大量封闭微气孔的轻质混凝土，国内也有其他一些叫法，如气泡混合轻质土、现浇泡沫轻质土、泡沫轻质土等。公路工程泡沫混凝土与建筑行业的加气混凝土有本质的区别，公路工程泡沫混凝土的气孔均匀、细密，气孔直径几乎不超过 1.0mm，有力保证了泡沫混凝土材料的轻质、强度可调、自立性好等物理特性，主要用于路堤减轻荷载，并承受路堤自重和车辆荷载的作用与影响。而建筑行业的加气混凝土通常是一种大气泡混凝土，其气囊直径大小由数毫米至数十厘米，而且大小不均，主要用于非承重结构。

目前，市场上大多数公路工程泡沫混凝土均采用搅拌均匀的纯水泥浆与经发泡剂水溶液稀释、搅拌而发生的细密气泡群通过稳压混泡而成。

4 原材料

4.1 一般规定

4.1.1 泡沫混凝土是一种新型的建筑材料，本条规定了泡沫混凝土及其原材料应符合清洁生产、环保节能的要求，对原材料提出相应的使用要求。

4.2 水泥

水泥是现浇泡沫混凝土重要的原材料，水泥质量优劣关系到泡沫混凝土物理性能的好坏，目前市场上大多数泡沫混凝土采用纯水泥浆制得，作为路用泡沫混凝土，主要利用其轻质、流动性好及其固化后良好的承载特性和耐久性。试验表明，32.5 级水泥强度提升慢，会影响发泡的效果，泡沫混凝土的性能不稳定。因此，结合浙江省气候特点，为确保水泥发泡的稳定性，根据对公路工程上大量的泡沫混凝土试验调研分析，本规范建议水泥强度等级要求为 42.5 级或以上，其性能应符合《通用硅酸盐水泥》(GB 175)规定。若采用 32.5 级的水泥时，使用前应进行配合比相关参数试验并提供相关试验报告。

建设行业泡沫混凝土多用于保温隔热，对强度性能要求与公路工程有别，因此，对水泥标号要求有所不同：

江苏省工程建设标准《现浇轻质泡沫混凝土应用技术规程》(DGJ32/TJ 104—2010)规定水泥应采用 32.5 级及以上等级要求，同时应符合 GB 175 规定。

《泡沫混凝土》(JG/T 266—2011)、天津市政工程建设标准《现浇泡沫混凝土应用技术规程》(DB/T 29-215—2013)以及广东省地方标准《气泡混合轻质土填筑工程技术规程》(DBJ 15-58—2008)均未对水泥标号提出要求，但应符合 GB 175 规定和泡沫混凝土抗压强度、流动度与气泡稳定性的要求。

4.3 发泡剂

4.3.1 发泡剂是公路工程用泡沫轻质土的关键材料，发泡剂的种类和质量好坏直接影响到泡沫轻质土的品质。目前市场上主要有表面活性系列、蛋白质系列及树脂肥皂系列三种，蛋白质系列发泡剂对存放温度、存放时间等环境要求较高，易变质，且泡沫孔径偏大，天津市公路工程地方标准《现浇泡沫轻质土路基设计施工技术规程》(TJG F1001—2011)明确禁止使用动物蛋白类发泡剂。本条推荐采用合成类高分子表面活性剂，常温条件下，稳定性好，发泡过程中无异味或刺激性味，对环境无不良影响，泡沫应细密且均匀。

4.3.2 泡沫混凝土的孔径不宜超过 1mm，大多应为 0.1～1mm。试验研究表明，泡沫混凝土大于 1mm 的气孔已属于有害孔，这种大孔越多，泡沫混凝土的力学性能就越差。泡沫混凝土的抗压强度与孔径成反比，孔径每增大 1mm，泡沫混凝土的强度下降 15%～20%。

4.3.3 本条文规定了发泡剂使用前应提供检测报告，相关性能指标应符合本规范要求。目前，国家尚无统一的泡沫混凝土发泡剂检测方法，各发泡剂生产企业依据自身的企业技术标准检测，检测结果缺乏通用的可比性，仅可作为参考，导致发泡剂使用单位无所适从。优质发泡剂与劣质发泡剂鱼龙混杂，难以区分。本质上，发泡剂的检测方法和标准就是表面活性剂起泡力的检测方法和标准。目前，工业领域比较认可的泡沫混凝土用发泡剂性能的检测指标是发泡倍率、沉降距和泌水量。

JG/T 266 规定的泡沫混凝土性能要求如表 4.1 所示。

表 4.1 发泡剂性能指标

项 目	计量单位	指 标
发泡倍数	倍	≥20
沉降距	mm	≤10
泌水量	mL	≤20

本条文对发泡剂主要性能指标要求比 JG/T 266 中的规定更具体、详细，并明确了发泡剂主要技术性能指标按稀释 60 倍时测定。

本条文规定了发泡剂使用时稀释倍率应不低于 60 倍，有利于节省发泡剂的用量，并节省工程造价。

4.3.4 发泡剂性能要具有稳定性，故提出保质期宜大于 12 个月的要求。

4.3.5 本条规定了发泡剂的进场合格检验抽检试验要求。

4.4 水

条文中的水包括拌和用水、稀释用水。水的选用一般以不影响泡沫轻质土的强度和耐久性为原则，可采用饮用水、自来水、河水、湖泊水和鱼塘水，不宜采用污水、海水、含泥量大的水。

4.5 外加剂

根据需要泡沫轻质土可能会掺外加剂和其他掺合料，使用前应与水泥、发泡剂进行效果试验，确认有效。

4.6 掺合料

本条对掺合料作出基本规定。目前，掺合料品种复杂多样、质量参差不齐，水泥熟料成分不一，为保证泡沫混凝土质量与环保性能，特规定泡沫混凝土添加掺合料总重量不得大于水泥用量的 20%。

5 混合料

5.1 一般规定

5.1.1 泡沫混凝土配合比试验成果应满足设计文件提出的抗压强度、干重度、流动度、吸水率和表观要求。

5.1.2 稀释倍率、发泡倍率、气泡率、各级原材料用量、湿重度等是泡沫混凝土混合料配合比设计的重要参数，应在配合比试验报告中予以明确；本条还规定了泡沫混凝土试块任意切面的气孔表观等效直径统计要求,孔径大于1.0mm气孔将视为有害气孔,应重新检查配合比设计。

5.1.3 本条规定了泡沫混凝土混合料混泡时不得采用搅拌式混泡,宜采用稳压方式混泡。机械搅拌式混泡一方面不容易搅拌均匀,另一方面易触发气泡群破裂或导致大气孔,进而导致泡沫混凝土成品的气泡含量和强度不均匀。泡沫混凝土是一种多孔介质,能否让气孔保持均匀、细密对泡沫混凝土的各种性能具有重要的影响。

5.2 配合比

5.2.1 泡沫混凝土具有强度、重度可调的工程特性,配合比是泡沫混凝土配制的关键环节。公路工程泡沫混凝土配合比包括湿重度、流动度、抗压强度、吸水率等多项控制指标,配合比设计时,水泥浆料采用水与水泥掺量质量比,水泥浆料与泡沫群混泡时按体积配合比配制。

5.2.2 目前,大多数泡沫混凝土都由纯水泥浆混合泡沫形成,本条规定了泡沫混凝土的水泥掺量、单位体积用水量和泡沫体积的计算方法。

5.2.3 泡沫混凝土多目标配合比设计可参考附录表D.1,并注意以下事项:
 a) 泡沫混凝土的配合比设计要确定泡沫混凝土目标重度和抗压强度。一般是按照泡沫混凝土目标强度,先确定目标重度,然后计算所需的水泥用量。
 b) 根据配制所需水泥浆量计算所需的用水量,不包括配制发泡剂的用水量。
 c) 根据试验优化发泡率和流动性。
 d) 泡沫混凝土吸水率与发泡剂性能密切相关。统计表明,浙江省部分厂家提供的干重度等级A05、A06泡沫混凝土吸水率能控制在6%~15%范围之内,部分试验数据如表5.1所示。参考市场上其他厂家试验数据,除干重度等级A3之外,大多数公路工程泡沫混凝土产品的吸水率能控制在25%以内,而且重度等级越高,吸水率越低。

表5.1 浙江省宏途交通建设有限公司提供的部分标准试块重度对比试验成果

试块编号	1号	2号	3号	4号	5号	6号	1号	2号	3号	4号	5号	6号
湿密度(kg/cm^3)	饱和密度(kg/cm^3)						干密度(kg/cm^3)					
500	489	486	483	489	486	490	422	440	438	443	444	443
530	521	522	519	518	520	522	478	476	472	476	475	477
550	539	541	540	538	537	539	490	495	491	488	493	491
560	547	545	543	550	549	549	499	501	498	502	504	499
580	569	567	570	572	568	570	517	516	519	520	514	517
600	589	592	588	591	589	593	539	536	540	534	529	539
620	610	611	609	608	611	610	569	561	558	563	559	567
650	638	641	636	638	643	638	588	581	576	578	580	575
575	570	568	569				510	507	506			
593	589	588	589				524	523	526			
602	597	596	595				546	549	541			
623	618	619	616				569	571	566			
649	644	643	644				593	597	592			

5.3 性能

5.3.1 重度是配合比设计的重要目标之一。不同的水泥标号、不同类型的发泡剂,配制形成的泡沫混凝土重度会有一定的差别。其中,泡沫对重度的影响最大。本条规定了纯水泥浆配制的泡沫混凝土干重度等级,其与表干重度、湿重度和饱和重度的相互关系和对照范围,取值范围可参考附录表E.1。

5.3.2 本条对泡沫混凝土的泡沫混凝土强度等级进行规定。

为区别普通混凝土强度等级符号,泡沫混凝土强度等级采用符号CF与立方体抗压强度标准值来表示,抗压强度的样本最小值按标准值的90%进行规定。

泡沫混凝土试件尺寸为100mm×100mm×100mm的立方体。本规范采用标准试验方法测定的28d抗压强度标准值进行划分强度等级。

泡沫混凝土重度等级与抗压强度、吸水率范围存在一定的对照关系,如表5.2所述。

表5.2 干重度等级与抗压强度、吸水率对照关系（单位：MPa）

干重度等级	A03	A04	A05	A06	A07	A08	A09
强度等级	CF0.4	CF0.6	CF0.8	CF1.0	CF1.5	CF2.0	CF4.0
抗压强度(MPa)	0.36~0.70	0.54~1.00	0.72~1.20	0.90~2.00	1.35~3.00	1.80~4.00	3.60~6.00
吸水率(%)	10~35	8~30	6~25			5~20	

5.3.4 泡沫混凝土的气孔大小及其均匀性对泡沫混凝土强度具有重要的影响,结合大量的国内外文献研究成果以及浙江省近百例泡沫混凝土工程案例的试验分析,泡沫混凝土气孔大小越均匀、细密,表观气孔直径小于1.0mm时,可达到较稳定的抗压强度指标,而且重度轻,水泥用量比较经济。本标准规定了气孔表观等效直径作为泡沫混凝土现浇质量验收评定的重要指标之一。

5.3.5 本条对泡沫混凝土的吸水率等级进行规定。重度等级越低,吸水率越高;重度等级越高,吸水率越低。设计对泡沫混凝土吸水率选取参数时,可根据泡沫混凝土的干重度等级并按表3的推荐范围进行取值。

6 设计

6.1 一般规定

6.1.1 本条规定了设计前期的准备工作,勘测设计应对项目工程情况进行全面调查研究,收集填筑工程区域完整的地质、水文、地形、地貌、气象及地震等设计资料,充分了解地下涵洞、管线等埋设情况。

6.1.2 泡沫混凝土质量小,浇筑密实,耐久性好,抗压强度可调,对路堤填筑或空穴填充具有良好适用性。设计时应充分考虑其工程特性,合理选择重度等级和强度等级,并做好相应的地表水和地下水的处治工作。泡沫混凝土在反复干湿循环、反复融冻循环的使用环境下,强度会有一定的受损,在恶劣环境条件下使用泡沫混凝土,设计应适当提高强度要求20%或以上。

6.1.3 泡沫混凝土长期暴露易风化变质,外面墙应采用面板、砂浆抹面（多层）或防水涂料等措施封闭,路堤内可采用填土、防水土工布等包裹。

针对泡沫混凝土浇筑体陡立的外立面封闭措施,目前浙江省部分工程案例也尝试性使用了外面墙的多层砂浆抹面、防水涂料饰面等措施。以海盐县秦山大道二期拓宽案例为例,部分单级高度2~3m的泡沫混凝土外立面均采用了双层砂浆抹面+勾缝的措施,试验路段长约1km,实施已满3年,结合2015年10月的调研情况,目前并未发现不良的质量缺陷。为此,鉴于其经济性、美观性,在不影响安全的低矮路段可优先应用。

6.1.4 泡沫混凝土构造要求与工程应用环境密切相关,针对不同的使用功能,其构造要求各有差别。泡沫混凝土应用的适用范围及其技术特性详见附录表E.1。

6.1.5 斜坡地形浇筑泡沫混凝土时,本条规定了地表防滑处理的基本措施和要求。基础底部防滑台阶宽度一般最小值为2m,当浇筑高度大于8m时,还应结合抗倾覆验算,适当加宽防滑平台的宽度。

6.1.6 干重度等级越低,水泥掺量越低,工程应用相对经济。本条规定了泡沫混凝土应用于非承重结构而仅限于空腔填充要求时,泡沫混凝土强度等级满足CF0.4即可,重度等级可酌情降低要求,节约工程造价。

6.1.7 本条规定了泡沫混凝土用于路堤填筑时的性能指标要求。为满足路堤承载要求,泡沫混凝土用于路堤填筑,抗压强度等级不应低于CF0.6,相应干重度等级宜为A05、A06。而对于路床范围填筑泡沫混凝土时,泡沫混凝土强度等级不应低于CF1.0,相应干重度等级宜为A06、A07。设计选定干重度等级时,应综合考虑泡沫混凝土重度、强度和经济性。

6.1.8 本条规定泡沫混凝土对有冲刷的岸坡工程需慎重使用,现行泡沫混凝土一般没有骨料,主要由水泥浆料和气泡构成,气泡孔壁由颗粒细密的水泥浆固化而成。在动力的水环境下,风化的细颗粒容易被水带走,长年累月的细颗粒流失易形成空洞效应。

6.1.9 泡沫混凝土处于浸水或干湿循环条件下,本条规定吸水率、软化系数等指标在设计文件中应予以提供。

6.1.10 本条规定了不同工程条件下泡沫混凝土用于路堤填筑时限定的设计厚度。泡沫混凝土应用于路堤浇筑最小设计厚度为1m,避免泡沫混凝土板块受压脆性断裂。在软土地基条件下,泡沫混凝土填高受抗浮和造价等条件制约,设计厚度超过6m并不经济,应与桥梁等方案进行技术对比之后确定。同样,对于山区公路路堤,为节约工程造价,山区高路堤限定泡沫混凝土设计厚度不宜大于15m。下面介绍浙江山区高速公路泡沫混凝土高路堤的两项工程应用典型案例。

首先,在杭新景高速千岛湖支线路堤水毁抢险治理案例(图6.1、图6.2)中,泡沫混凝土采用分台阶式自下而上分层填筑,最大填筑厚度是17.46m,也是目前浙江省填筑设计高度最大的泡沫混凝土路堤应用案例。综合高路堤的工程安全、变形控制、合理造价等因素综合分析,山区高路堤泡沫混凝土填筑最大设计高度限制15m有一定的合理性。一方面,安全上有成功的案例和工程经验,施工快捷、方便,在工程应急抢险上具有重要的工程示范意义;另一方面,泡沫混凝土材料单价比较高,填筑高度大,浇筑体积会非常庞大,一般情况下并不经济,加上该材料比较轻、气孔多,高路堤荷载长期作用下是否存在蠕动的压缩变形还有待于进一步观测和研究。因此,本规范限定了山区公路泡沫混凝土最大设计厚度为15m。

图6.1 杭千高速公路支线泡沫混凝土高路堤

其次,以诸永高速公路仙居段胡八坑高路堤处治为例,综合上边坡的滑坡治理,其右侧泡沫混凝土高路堤设计高度是12m(图6.3、图6.4),有效回避了桥头的高锥坡实施难题,不仅节约用地,而且减缓了堆载诱发坡地滑移的风险。目前已建成通车5年,社会经济效益显著。

6.1.11 泡沫混凝土应用于滑坡区域时,主要采用轻质路堤,可减少扰动、减轻加载效应。因此,泡沫混凝土路堤的基础应建在稳固的地基上,其工程措施与滑坡治理应紧密结合,并提出施工期和运营期的监测方案,以确保工程安全。

6.2 设计计算

6.2.1 本条根据公路等级、荷载条件、填筑部位规定了泡沫混凝土应用于路堤工程时的重度等级、抗压强度等设计要求。在满足抗压强度的条件下,泡沫混凝土干重度规定了适用等级,并可在性能稳定前提下取干重度的低值。

本条规定了路堤受水位影响时,应考虑路堤抗浮设计;在地基变形、承载力和路堤稳定性计算时,浸水泡沫混凝土强度软化系数应取0.7。结构物基底抗滑稳定验算时,泡沫混凝土与山体之间的摩擦系数参照《公路路基设计规范》(JTG D30)执行。

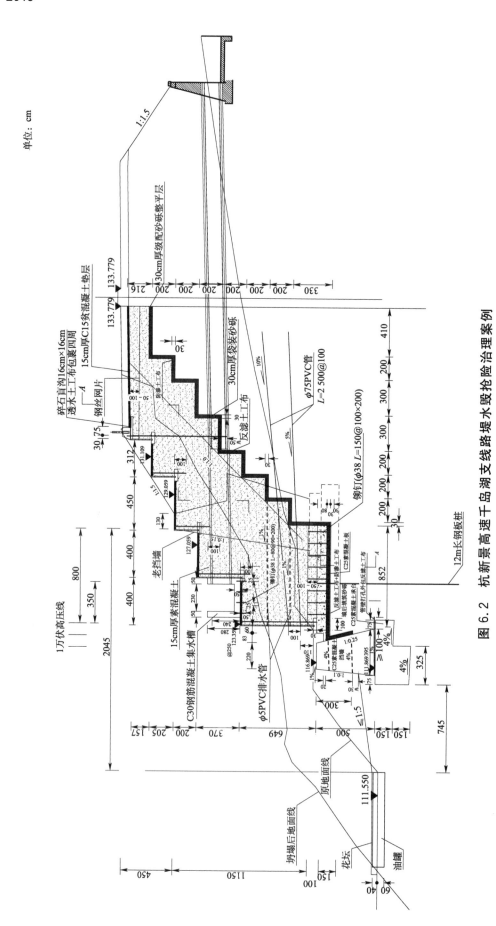

图 6.2 杭新景高速千岛湖支线路堤水毁抢险治理案例

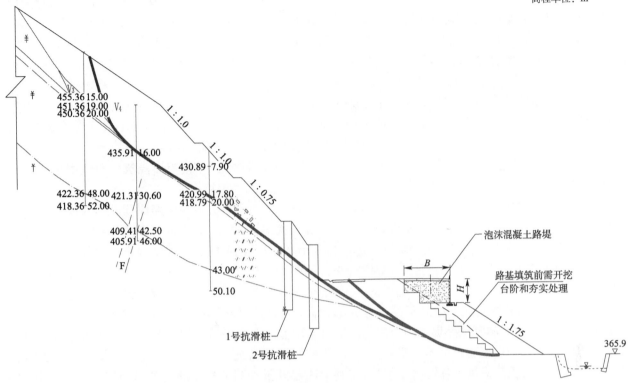

图 6.3 诸永高速公路 K120 滑坡区泡沫混凝土轻质高路堤技术方案

图 6.4 诸永高速公路 K120 滑坡区段填筑的轻质泡沫混凝土高路堤

6.2.2 按照荷载基本分类，结构上的荷载可分为永久荷载、可变荷载和偶然荷载三类。泡沫混凝土路堤抗滑移、抗倾覆稳定性验算时，工程设计荷载分类及其组合应按《公路路基设计规范》（JTG D30）的规定执行。

6.2.3 本条规定了泡沫混凝土设计流程和泡沫混凝土路堤的设计验算要求。在软基路段、斜坡路段、浸水路段等复杂部位进行填筑时，应兼顾路堤填筑体的局部、整体稳定性。

6.3 新建路堤

6.3.1 泡沫混凝土质量小、气孔细密、气泡率高，工程应用时应结合场地水文环境，处理好地表水和地下水的排放和引导。工程上很多病害或缺陷一般都与水有关，因此，排水措施对泡沫混凝土的工程应用具有重要影响，应予以重视。

6.3.2 在泡沫混凝土现浇固化之前，泡沫处于独立、分散、游离状态，容易受挤压而消泡，并影响浇筑的质量,因此,泡沫混凝土分层浇筑厚度一般为0.3m～0.8m。单层浇筑太薄,受力易破损、断裂,而且分层过多会影响施工进度;而单层浇筑太厚又会降低稳泡的能力,泡沫易破损,同时对面板侧压力会比较大,将对现浇立模的面板提出更高的安全与经济性要求。本条还规定了泡沫混凝土设计最小厚度。考虑填筑体厚度太薄或引起断裂、减载效果不显著等因素,路堤浇筑时,最小设计厚度建议值为1m。设计厚度小于1m时,泡沫混凝土在荷载作用下易断裂、破损。

6.3.3 本条规定了路堤边坡采用缓坡形式(坡率陡于1∶1.5)的基本条件。本条同时也规定了路堤边坡采用坡率陡于1∶1.0的路堤一般需采用加筋带提高路堤稳定性。路堤采用陡坡率或垂直支护时,可以有效节约土地,减少路侧的建筑物拆迁,减缓土地征用带来的社会风险。

6.3.4 本条规定了泡沫混凝土浇筑横断面的基本形式。泡沫混凝土凸形、矩形浇筑一般适用于一次填筑,倒梯形、倒凸形适用于二次开挖回填。

6.3.5 本条规定的台阶宽度一方面考虑了泡沫混凝土填筑区与土石方填筑区路堤顶面弹性模量和弯沉值的合理过渡;另一方面也考虑了压实机械作业和基坑开挖等因素,以便采用压路机对台阶或基底进行压实,如果现场条件不能要求时,则台阶宽度可适当减小,但应保证台阶面压实度和施工的可操作性。

6.3.6 本条规定了泡沫混凝土用于软土地区桥头背部路堤浇筑时,路堤纵向宜采用台阶式过渡结构和纵向过渡分级长度L_i。根据现有桥头过渡理论和实践经验,一般桥头路段为20m,过渡段长度为20m～30m。因此,台阶沿路线走向的纵向布置宽度不宜小于10m,台阶分级高度不宜大于1m为宜。

6.3.7 本条规定了涵洞背部路堤不易压实的区域可采用泡沫混凝土填筑的基本形式。涵洞背部采用泡沫混凝土浇筑有利于提高涵背的压实度,同时有利于减轻涵顶荷载,减少地基承载力及其不均匀变形的要求。涵洞两端及顶部采用泡沫混凝土填筑,有利于改善设置涵洞的软基路堤的纵向沉降变形协调,并减少结构的承重,减少地基沉降量。新建涵洞路段泡沫混凝土填筑宜采用"先预压,后置换"的二次开挖施工方式,有利于保障工后沉降的良好控制。

6.3.8 泡沫混凝土直立浇筑时,宜结合路堤高度对护栏实施专项设计。桥头多采用墙式护栏,护栏底座除设置混凝土基础外还应设置安全襟边,其宽度应为50cm～100cm,有助于护栏受碰撞时泡沫混凝土构筑物不至于严重受损而难以修复,同时提高护栏防撞的安全性。路堤段落采用波形护栏时,应计算波形护栏埋设的深度;若上路床采用泡沫混凝土时,路堤土路肩应适当加宽50cm以提升路堤防撞安全;本规范不建议上路床浇筑泡沫混凝土,也考虑了护栏埋设的设计深度和安全襟边等要素。

6.3.9 本条规定了大体积泡沫混凝土浇筑的沉降缝设置要求,可参考挡墙的沉降缝设置。

6.3.10 泡沫混凝土路堤底层设计构造要求:
 a) 泡沫混凝土底层为确保地下水排水通畅,宜在底部设置透水的碎石或砂砾垫层;垫层顶部铺设一层防渗土工布可以减少泡沫混凝土透入排水垫层,节约泡沫混凝土用量。
 b) 本条规定了泡沫混凝土浇筑体底部应设置一层钢丝网补强以提高防裂性能。
 c) 当遇斜坡上的高路堤填筑时,为提升泡沫混凝土浇筑体的抗倾覆、抗滑移安全性,斜坡应开挖成台阶状,并结合路堤稳定性,为此对抗滑平台设置一定数量的抗滑锚钉。

6.3.11 泡沫混凝土路堤填筑构造要求:
 a) 泡沫混凝土材料本身目前几乎没有掺集料或骨料,其成分主要是水泥浆料和气泡。为了增强泡沫混凝土的防裂性能,构造上规定了泡沫混凝土设计厚度超过6m时,每隔2m水平铺设一层钢丝网的要求。
 b) 泡沫混凝土重度轻,适于一次填筑,若其上部采用土石方预压,卸载时易造成泡沫混凝土顶面破损。而采用先预压,待沉降达到设计要求的控制值时,再填筑泡沫混凝土,不仅有利于路堤减载,也有利于减少路堤工后沉降。

6.3.12 泡沫混凝土路堤顶层设计构造要求:
 a) 浇筑体顶层设置一层钢丝网具有防裂的功能。
 b) 为满足路面纵坡与横坡设置要求,同时兼顾防撞护栏的设置安全,建议上路床不设置泡沫混凝土,以减少调坡的工艺复杂性,以满足施工的便利性和防撞安全。
c) 为减轻路面施工荷载及动荷载影响,方便路面结构层施工,泡沫混凝土顶层应设置保护层,以防止泡沫混凝土受施工荷载和车载作用之下开裂或破碎。本条规定了泡沫混凝土顶面位于上路床范围时,顶层应设置厚度15cm～20cm的水泥混凝土保护层以利于提升顶层的强度和整体性,同时有利于满足路面纵坡与横坡设置要求。

当路床采用泡沫混凝土时,由于泡沫混凝土填筑是采用自流平形式施工,其施工面是水平的,因此为满足纵坡、横坡设置要求,只能在填筑体顶层设置台阶予以解决,台阶部位可采用路面基层料调平,如图6.5所示。

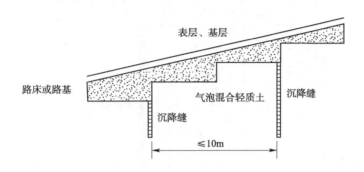

图6.5 坡度调平设计

6.3.15 泡沫混凝土面板尚可多元化发展,参照加筋土面板的形式,目前不乏各式各样的可绿化的混凝土预制面板、空心砖、生态砖、景观砌块等。

目前,泡沫混凝土直立面板多采用长方体的板状预制块(图6.6),已在多个工程中取得应用,单级坡最大已使用的直立高度12m。该面板结构依然尚有很大的提升余地,造价宜降低,结构宜轻巧化。

a)预制安装面板内部构造图　　　　　　　　b)预制安装面板外立面图

图6.6 预制安装面板细部图

面板采用混凝土预制时,应充分考虑预制的便利性和搬运、安装条件。桥头路堤直立填筑时,台后直立面的基础若落在桥台的承台上,则应在承台部位设置长3～8m水平搭板,避免路堤沉降与桥台沉降不一致引起错台的裂缝,并宜在搭板末梢设置1道沉降缝。目前,该问题在个别桥头路堤中已有发现,需引起重视。

6.3.17 泡沫混凝土顶面设置防撞护栏时,防撞护栏应做专项设计。对于陡立浇筑的泡沫混凝土高路堤,防撞护栏应采用L形墙式护栏,护栏的上部结构应参照桥梁的护栏结构形式,护栏基础采用钢筋混凝土结构,并要求适当伸入路面结构层底部。以诸永高速公路台州段的应用案例为例(图6.7),L形底基础厚度50cm,伸入路面结构底部长度为150cm。护栏外侧路堤预留了50cm宽度的安全襟边,可作为参考使用。今后还将对该护栏的合理防撞形式进一步开展专题研究。

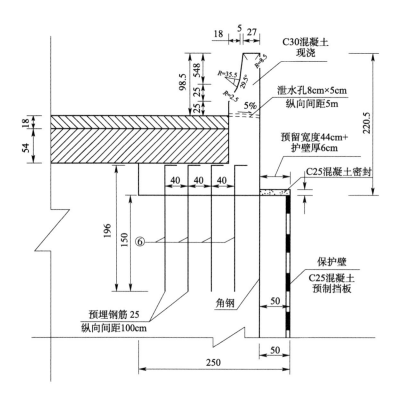

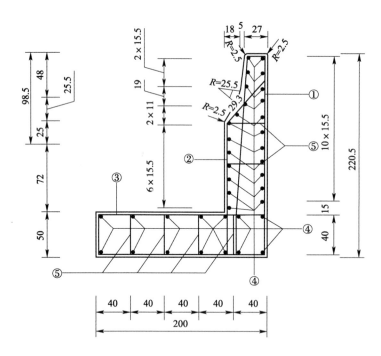

图 6.7 泡沫混凝土陡坡路堤护栏结构示例

6.4 拓宽路堤

泡沫混凝土在路堤拓宽工程中具有良好的技术优势，主要体现为以下几个方面：

a) 软基路堤拓宽时，为了减少新路堤荷载对老路堤的地基加载效应，确保新老路堤的沉降变形协调，对于设计高度≤3.0m路堤，拓宽范围通过泡沫混凝土浇筑减载是十分有效的。这一点已在大量的工程实践上得以证明。

b) 对于设计高度＞3.0m软基路堤拓宽，不仅要考虑新老路堤沉降的协调性，而且要兼顾路堤的圆弧滑动稳定性(图6.8)以及新老路基结合面抗滑移稳定性(直线滑裂面)，一般需结合地基处理联合泡沫混凝土轻质填筑提升拓宽工程效果，而且还能兼顾施工的便利性。工程实践表明，管桩在路堤拓宽中具有重要的作用，并已取得丰富的工程实践。但是，管桩打设过程中也经常出现很多工程病害，如管桩振动带来老路堤路面裂缝、管桩挤土导致周边桥梁桩偏位等。泡沫混凝土置换联合地基处理可以降低地基处理费用，减少在拓宽工程中的地基处理挤土效应。

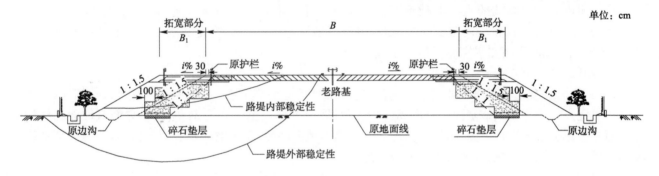

图6.8 路堤拓宽稳定性验算

c) 当地形受限或征地拆迁困难时，泡沫混凝土的直立防护也有助于解决高路堤填筑滑移变形风险、政策处理棘手等难题(图6.9、图6.10)。

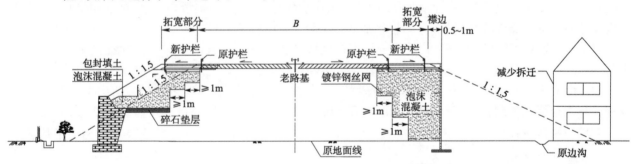

图6.9 用地受限条件下泡沫混凝土高路堤拓宽案例

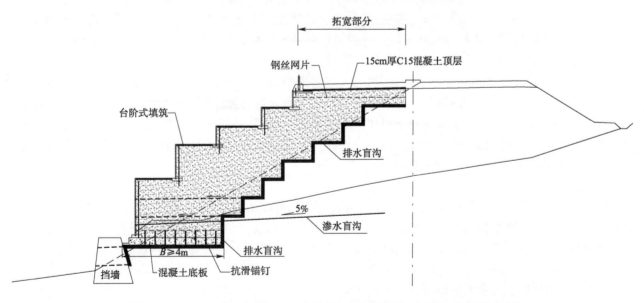

图6.10 用地受限条件下泡沫混凝土高路堤台阶式拓宽典型案例

6.5 特殊处治工程

6.5.1 滑坡

滑坡治理经常采用"固脚强腰"的治理模式,在土压力平衡的模式中,通过滑坡主动推力区卸载和坡脚反压阻滑实现工程安全治理目标。泡沫混凝土作为辅助措施,通常在滑坡治理稳固的前提下,采用轻质路堤穿越滑坡区,可以减少扰动,降低支挡防护要求,同时实现路堤建造的功能目标。在浙江省诸永高速公路台州段胡八坑滑坡的泡沫混凝土路堤应用案例中(图6.3、图6.4),泡沫混凝土路堤设计高度12m,有效消除了桥台高锥坡展布受限的难题,缓解了易滑地形的加载效应可能带来的不良地质灾害的威胁,巧妙地采用轻质高路堤穿越了该滑坡区域。

6.5.2 崩塌

目前,泡沫混凝土用于崩塌处治越来越多,具有强度可调、流动性好、施工便利、价格低、整体性好、填充密实等优点。塌方区域临空面一旦形成,一方面对坡面上部岩土体安全不利,另一方面对坡面的格构等锚固防护也会带来影响。为此,塌方治理需结合地形地势,有时需采取必要的回填措施,然后局部加强坡面锚固,从而消除塌方临空面带来的安全隐患。

6.5.3 溶洞、采空区

溶洞和地下采空区回填对材料的强度要求一般并不高,特别是空腔填充工程,为节省造价,泡沫混凝土可以采用略低的强度等级,并以CF0.4~CF0.6为宜。

6.5.4 挡墙变形

挡墙发生变形的诱因很多,如地基软弱不均、地基承载力不足、基底抗滑移不足、挡墙质量缺陷、挡墙结构尺寸不足等。路堤堆载后,一旦结构物成型,挡墙结构物病害不易修补,工程病害补偿加固非常棘手。因此,挡墙结构物加固的工程代价十分昂贵。挡墙结构物缺陷带来的灾害后果往往比较严重,轻则中断交通,严重时路堤崩塌,甚至车毁人亡,社会危害性比较大。

泡沫混凝土具有强度可调、重度轻、自立性好、施工方便快捷等优点,近年来在公路挡墙变形处治中发挥了越来越多的作用,如墙背填料置换可以有效降低墙背土压力和挡墙基底承载力的要求,可以有效改善对挡墙结构设计尺寸不足或地基承载力不足的工程条件;泡沫混凝土直立挡墙技术有利于路基塌方快速就地抢险修复等。

6.5.5 桥头跳车

泡沫混凝土对深厚软土地基桥头路堤跳车病害的预防与处治的作用体现为以下几个方面:

a) 新建桥头路堤结合地基处理、堆载预压,通过监测评判路堤沉降稳定之后,再采用泡沫混凝土进行桥头路堤部分置换和不同地基处理过渡段的荷载减载过渡,从而有利于进一步保障地基处理联合堆载控制路堤沉降的效果,可以有效减少工后沉降。

b) 在桥头路堤已产生跳车病害路段,可结合病害形成机理和沉降的速率,确定泡沫混凝土的充填或置换方案。对沉降持续发生的桥头,在封道之后,可进行路堤分幅置换泡沫混凝土;对于搭板脱空问题,采用泡沫混凝土充填可以减少对路堤的增载,减缓路堤后续沉降;近年来,还有一种新工艺,采用了路堤横向打孔灌注泡沫混凝土的减载技术,该方法也有利于在保障通车条件下减轻路堤荷载,减少工后沉降,目前已有应用。

6.5.6 涵顶减载

近年来,老路改(扩)建工程越来越多,涉及大量的涵洞、通道结构物的存废、利用及加载的处治问题。在软土地基环境下,路基纵坡调整会给既有涵洞带来加载或卸载的效应,加载条件下有时会诱发涵洞路段新的沉降。为此,可在加载路段采取泡沫混凝土置换(图6.11),从而可避免路线纵坡抬高对结构物的加载效应,减缓路堤工后沉降。

6.5.7 隧道洞顶脱空与明洞回填

针对隧道洞顶塌方、二衬结构体上部脱空、明洞上方回填,泡沫混凝土是一种相对理想的轻质材料,其良好的流动性有利于密实回填。这些区域对回填料的强度要求不高，一般可采用强度等级CF0.4～CF0.6，干重度等级范围以A03～A06为宜。

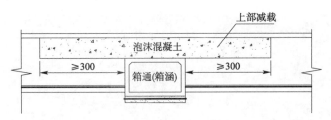

图6.11 涵顶减载路段泡沫混凝土路堤填筑形式

6.5.8 紧急避险车道

a) 本条规定了采用泡沫混凝土实施直立式防护的紧急避险车道的适用路段，一般指公路长下坡路段设置避险车道用地受限或地基承载力不能满足要求的工况。
b) 紧急避险车道纵坡长100m～150m，宽度设计一般采用4.5m～12m，纵坡大，坡度多采用10%以上，末顶端设有砂池和柔性防撞墙。为适应车道纵坡变化，同时确保路面结构层的防滑，泡沫混凝土浇筑体纵向应采用台阶式布设。
c) 为增大摩擦作用，发挥有效的制动效果，紧急避险车道路面结构多采用砂石路面，本条规定泡沫混凝土顶层上覆路面结构层及垫层总厚度不宜小于1.5m。

7 施工

7.2 新建路堤

7.2.4 公路工程泡沫混凝土主要采用大体积现场浇筑的方式，对设备的产能和工艺的稳定性要求比较高。为此，本条规定了特定工程条件应具备的设备设施规模和电子化计量的技术要求。设备的自动化计量才能有效保证施工配合比的稳定性，确保施工过程中湿重度、流动度和气泡混合的细密均匀性。

7.2.5 本条规定了泡沫混凝土试验段实施的条件和要求，同时明确了试验路段施工总结报告应提供的技术内容与参数要求。

7.2.6 本条规定了泡沫混凝土面板预制、安装和质量检查的要求。

7.2.7 本条规定了泡沫混凝土混合料的工艺流程、计量控制和检查要求。一方面，发泡装置要求能提供稳定、均匀细密的气泡群，通过压缩空气对发泡剂水溶液加压的方式生产，发泡倍率可调且稳定，不宜采用高速搅拌发泡，搅拌式发泡很难获得稳定的泡沫群，难以保证施工质量；另一方面，混泡应采用液压稳压混泡，不得采用高速搅拌式混泡，搅拌会导致气泡上浮并破裂，难以形成细密均匀的泡沫混凝土气孔。设备精度和计量精度是泡沫混凝土混合料制备过程中施工配合比控制的重要参数，计量器要定期进行标定。

7.2.8 现浇泡沫混凝土的泵送管出料口适当埋入浇筑面并与浇筑面保持缓倾时，浇筑过程中气泡消泡最小，施工时应严格按照本规范要求进行浇筑施工。

7.2.9 本条规定了泡沫混凝土冬期、雨期及热期施工要求。泡沫混凝土混合料含水率大，流动性好，易在低温条件下产生冰冻，高温条件下气泡易受蒸发影响而破裂，进而影响泡沫质量和泡沫混凝土质量，当室外日均气温连续5d低于5℃或环境温度超过38℃以及下雨时，不宜现场施工作业。

7.2.10 本条规定了泡沫混凝土施工过程质量检验的要求，检验资料和数据要求存档完备，并将作为泡沫混凝土分项工程的验收评定的重要依据。

7.2.11 泡沫混凝土自下而上分层浇筑,各层面终凝之前应避免施工踩踏;终凝后,还应做好保湿养护,不宜过早承受机械、车辆作业或堆压杂物,否则会破坏内部气泡。因此,对泡沫混凝土,每层浇筑完毕硬化后、浇筑上层前,应对填筑体顶层表面覆盖塑料薄膜或土工布进行保湿养生,浇筑至设计高程后,养生时间宜不少于28d,方可进行路面施工。泡沫混凝土浇筑顶面薄膜养护见图7.1。

图 7.1 泡沫混凝土顶面薄膜养护

7.3 拓宽路堤

拓宽路堤涉及既有路堤的沉降变形与安全、既有涵管的延伸加长和穿越、既有排水系统的施工组织以及边通车边拓宽的交通施工组织方案,施工现场应设置醒目的安全、警示标志和安全防护设施,对施工人员进行技术及安全交底,减少工程灾(病)害风险。老路堤临时拓建开挖的基坑坑槽应结合泡沫混凝土设备的产能合理确定单次开挖范围,坑槽开挖到位之后,应及时回填泡沫混凝土,以免恶劣气候等不利因素诱发路堤滑移变形等工程灾害。为此,本条还规定了老路堤坡体纵向单次开挖长度不宜超过100m,否则应跳槽式施工。

7.4 特殊处治工程

7.4.1 滑坡

针对不良地质区域,泡沫混凝土用于填筑之前,应进行场地稳定评价与地质灾害诱发条件分析,评估工程区域地质灾害的范围、规模、诱发条件和概率。治坡先治水,工程建设要充分考虑场地排水系统布置,宜做好场地的泄洪排水,以避免水患诱发路堤各种工程地质灾害。

泡沫混凝土应用于滑坡区段,可以采用陡坡式防护。分层浇筑方便、快捷,可以减少地基承载力的要求、减轻路堤填筑施工对周边的扰动,把泡沫混凝土路堤轻轻安放在斜坡上,节省了大量的支挡工程和征地范围,符合安全、经济、适用、环保、耐久的技术特性。

7.4.2 崩塌

泡沫混凝土应用于崩塌处治,施工工艺方便快捷,可密实填充塌方空腔,弥补临空面给上部岩土体带来安全威胁的不足。鉴于在坡面上浇筑施工对泡沫混凝土泵送管道压力要求比较高,需考虑注浆压力泵的扬程问题,合理选择耐压输送管道。坡面塌方空腔浇筑泡沫混凝土之前,一般要事先清理虚土,找毛坡面,必要时坡面可设置一定数量的锚钉,确保泡沫混凝土填充物紧贴临空面和坡面平整,进而为坡面安全防护措施提升实施效果。

7.4.3 溶洞、采空区

溶洞和采空区由于空腔形状不规则,泡沫混凝土实际填充工程量往往很难精确计算,因此,采用自动计量的泡沫混凝土装置有利于按实计量管理。

8 检验与评定

8.1 一般规定

按照《公路工程质量检验评定标准 第一册 土建工程》(JTG F80/1)，泡沫混凝土浇筑体验收应按其所在的分部分项工程进行检验和评定，分项工程质量检验内容包括基本要求、实测项目、外观鉴定和质量保证资料四个部分。泡沫混凝土使用的原材料、半成品、成品及施工工艺应符合基本要求的规定，无严重外观缺陷和质量保证资料真实并基本齐全时，方可对分项工程质量进行检验和评定。

JTG F80/1 规定了土建工程的验收评定标准，但未列入泡沫混凝土浇筑工程项目，本规范在本章中规定了公路工程泡沫混凝土应用技术的检验和评定标准。

8.2 基本要求

分项工程所列的基本要求对施工质量优劣具有关键作用，应按基本要求对工程进行认真检查。经检查不符合基本要求规定时，不得进行工程质量的检验和评定。

8.3 实测项目

条文中规定的实测项目是泡沫混凝土浇筑工程的常规检查项目，在公路工程的不同结构体浇筑应用中，可根据不同结构物的功能要求适当增减实测项目内容。其抗压强度和干重度是该分项工程中的关键实测项目，该项目评定不合格时，则相应的分项工程也为不合格。

8.4 外观鉴定

8.4.1 泡沫混凝土浇筑体的表观检查十分重要，本条规定泡沫混凝土浇筑体应表面平整、光洁，棱角线平直。

8.4.2 本条对裂缝、裂纹提出了评定要求。泡沫混凝土细微毛细裂缝一般对浇筑体功能影响较小，可根据裂缝发育数量酌情减 1 分～2 分；而当裂缝宽度＞1mm 且长度＞50cm 时，应减 3 分。

8.4.3 泡沫混凝土不宜长期暴露，易受风化影响，本条规定了封闭措施的检查要求。

8.4.4 泡沫混凝土气孔的大小和均匀性对泡沫混凝土强度和耐久性有较大的影响，气孔越均匀细密，试块强度越高；气孔大小不均(孔径≥1mm 的气泡含量超过 10％)或大气泡(孔径≥3mm)的存在将是泡沫混凝土质量的重要瑕疵，不仅影响强度，而且对泡沫混凝土的渗透性、浸水饱和重度等均会产生影响，进而导致耐久性降低。

8.4.5 本规范将单个标准试块任意切面表观等效直径≥3.0mm 气孔超过 8 个或单一气孔等效直径≥5mm 作为表观评定的关键指标，不满足要求该分项工程将评定为不合格。